Mama, ich kiffe doch nur

Paula Russel

Paula Russel

Mama, ich kiffe doch nur

Suizid - Mein Sohn nahm Drogen, dann nahm er sich das Leben

AUTOBIOGRAFIE

DeBehr

Herausgeber: Verlag DeBehr, Radeberg
Erstauflage: 2019
ISBN: 9783957536501

INHALT

Man lebt zweimal:
das erste Mal in der Wirklichkeit,
das zweite Mal in der Erinnerung.

Niemand sollte mit diesem Schicksal alleine gelassen werden.

Ihr, die ihr mich so geliebt habt, seht nicht auf das Leben, das ich beendet habe, sondern auf das, welches ich beginne.

Mein Sohn wurde drogenabhängig … Er suchte nach Erleichterung von der Last des Lebens.

Sieh mich an,
ich nehme, was ich kann.
Ich fang zu fliegen an,
und die Fantasie geht an,
die Realität geht aus.
Und das, was gescheh'n, ist,
auch.
Vielleicht tut es mir nicht gut,
aber ich nehm's in Kauf.

Suizid ist die dritthäufigste Todesursache unter Jugendlichen in den USA. Studien konnten einen Zusammenhang zwischen dem Drogenkonsum und der Entwicklung von Suizidgedanken sowie dem Planen und Versuch des Selbstmordes zeigen.
(Quelle: Soc Psychiatry Psychiatr Epidemiol 2013; 48: 1611–1620)

VORWORT

Der Suizid meines Sohnes war die größte Herausforderung für mich, ihn zu verstehen und seinen Entschluss zu akzeptieren stellte mein Leben total auf den Kopf. Ein Chaos der Gedanken und Gefühle brachen über mich herein …, die vielen Warum-Fragen gruben sich tief in meine Seele ein.

Wie soll man mit so einer Situation umgehen?

Wie soll man eine solche Entscheidung respektieren?

Wie schafft man es weiterzuleben?

Wie findet man Antworten auf all die ungelösten Fragen?

Mir war es sehr wichtig, Daniels Entscheidung mit Würde zu begegnen, die Waage zu halten zwischen dem Verständnis und der Zurückweisung meines Sohnes. Er hatte sich entschieden, unsere Beziehung so endgültig zu beenden, und das war für mich eine Zurückweisung. Er hatte das Gesetz eines natürlichen Todes außer Kraft gesetzt und mein geordnetes Leben über den Haufen geworfen.

Am Anfang war es sehr schwer, darüber offen zu sprechen, denn wer spricht schon gerne von seinem Sohn als Selbstmörder, und wer möchte gerne die Mutter eines Selbstmörders sein? Diese Tatsache hat mich bewogen, meine Erlebnisse, Gedanken, Gefühle und Ängste, die mit dem Tod meines Sohnes zu tun hatten, aufzuschreiben, um gleichzeitig liebevoll von ihm Abschied zu nehmen.

Erst später habe ich festgestellt, dass es für mich eine Art Therapie war. Wichtig war mir auch, dass ich nichts vergesse, was mit meiner Trauer und dem Tod meines Sohnes zu tun hatte.

Ich habe mich nie groß mit dem Thema *Suizid* auseinander- gesetzt, mein Sohn ließ mir keine andere Wahl. Mein Junge hat sich das Leben genommen, und das Wort *Suizid* begleitet nun mein Leben. Das Wort Suizid drängte sich immer wieder in den Vordergrund, und das gelebte Leben meines Sohnes rückte in den Hintergrund.

Sein Leben bestand ja nicht nur aus seinem Suizid. Ich war einfach nur überfordert und auf der Suche nach Hilfe. Hier habe ich festgestellt, dass es nicht viele Bücher über erlebte Ereignisse und Erfahrungswerte gibt.

Es gibt viel Literatur und Ratgeber.

Mir fehlten Bücher über gleichgesinnte Eltern, die über ihren Schicksalsschlag geschrieben haben, um anderen Eltern das Gefühl zu geben, dass sie mit dem Thema *Suizid* und den vielen Warum-Fragen nicht alleine auf dieser Welt sind. Ich habe einige Zeit gebraucht, um festzustellen, dass ich ohne Hilfe mit meiner Trauer und den Schuldgefühlen nicht weiter- komme.

Wer kann in einem solchem Fall helfen, und wo findet man Hilfe? An wen kann man sich wenden? Kann der Glaube helfen?

Mit all den vielen Fragen habe ich mich auf den Weg gemacht, um einige Adressen und Informationen zu finden - Angehörige, deren Kinder einen Suizid begangen haben. Ich habe viel über Suizid, Trauer, Schuldgefühle, Depressionen und Drogen gelesen und habe sie aus meiner Sichtweite zusammengestellt.

Ich habe alle Bücher, die meine Wegbegleiter waren, unter der Rubrik *Auf der Su-*

che nach Hilfsangeboten und Unterstützung aufgelistet.

Ein Suizid trifft uns immer plötzlich, und man ist auf so eine schreckliche Nachricht nicht vorbereitet.

Ein Mensch tötet sich, weil ...

SUIZID

In Deutschland sterben mehr Menschen durch die eigene Hand als im Straßenverkehr, durch Drogen, Aids und Verkehrsunfälle. Fachleute vermuten, dass alle 52 Minuten ein Mensch sein Leben auslöscht.

Und: Jeder Suizidtote lässt durchschnittlich circa sechs nahestehende Menschen zurück, die oftmals kaum wissen, wie sie weiterleben sollen. Suizid und Suizidversuche sind nicht nur in Randgruppen alltäglich, die kommen in jeder Schicht vor.

Viele Hinterbliebene fühlen sich gerade in ihrem persönlichen Umfeld wie Aussätzige behandelt. So müssen sich viele Angehörige mit diffamierenden Bemerkungen – der Suizid sei doch zu verhindern gewesen, wenn man sich nur eifriger um den Menschen gekümmert hätte – auseinandersetzen.

Somit macht Suizid Angst und lässt eine Mauer des Schweigens wachsen.

Der Suizid zwingt Angehörige regelrecht in die Knie, sie sind mit ihren Gefühlen, Gedanken und Regungen überfordert.

Die liebevollen Gedanken, die man an einen Verstorbenen hat, um zu trauern, gehen am Anfang oft unter. Das letzte Ereignis, der Suizid, der drängt sich immer in den Vordergrund, das Gefühlschaos nimmt Oberhand und macht Platz für Schuldgefühle. Diese Schuldgefühle belasten und drücken sich in Warum-Fragen aus und „Hätte ich doch besser aufgepasst".

Es tauchen viele widersprüchliche Gefühle gegenüber dem Verstorbenen auf, die bei einem Nicht-Suizid-Tod nicht vorkommen.

Häufig vereinsamen die Angehörigen: Weil sie sich argwöhnisch beobachtet fühlen, und weil der Verlust eine nicht schließbare Lücke in ihr Leben gerissen hat.

Schon die Worte Selbstmord oder Freitod klingen gefährlich und tückisch. Man denkt sofort an Mord, aber der betroffene hat keinen Mord begangen, er hat sich nur entschieden, in dieser irdischen Welt nicht mehr zu leben. Mord heißt, einem anderen Menschen das Leben nehmen, das ist bei Suizid nicht der Fall.

Das Wort *Selbstmörder* klingt auch irgendwie verächtlich, und viele Menschen assoziieren es mit krankhaftem Schwächling, der Versager oder einer, der Gott spielt, weil er selbst Hand an sich legt.

Dazu kommt noch, dass das Wort *Mord* sehr negativ besetzt ist. Ein Mensch, der sich das Leben nimmt, bekommt gewollt oder nicht gewollt eine abwertende Haltung und beschämt die Angehörigen. Eine Suizidtrauer ist eine der schwersten Form von Trauer, bei einem normalen Tod kann man sich trösten mit den Worten, *er wollte leben*, bei einer Selbsttötung nicht. Die so genannte Selbstbestimmung eines Suiziden erschwert die Akzeptanz der Trauer und macht zunächst stumm. Angehörige stehen unter einem Schock, es kann Monate dauern, bis das düstere Seelengeheimnis ansatzweise verarbeitet wird.

Gibt es Menschen, die suizidgefährdeter sind?

Diese Frage ist noch umstritten, man vermutet, dass es Risikogruppen gibt: Depressive, Alkoholiker, Alte und Vereinsamte, Schizophrene, Menschen nach einer Trennung, Betroffene von Konflikten am Arbeitsplatz, medikamenten- und drogenabhängige Jugendliche.

Die suizidalen Gedanken entstehen oft in schwierigen Lebenssituationen, der Schmerz sitzt in der Seele und wird für einen Suizidalen unerträglich. Es gibt vie-

le Situationen, die einen seelischen Schmerz hervorheben, zum Beispiel Verletzungen, Enttäuschungen, Trennungen von wichtigen Personen. Auch Gefühle des eigenen Versagens und des verbundenen Zielverlustes fördern die Gedanken des Nichts- Taugens. Diese Gedanken und Gefühle lösen im Körper einen Alarmzustand aus, der schwer unter Kontrolle zu bringen ist. Sie können nicht mehr klar denken und spüren sich nicht mehr in ihrem eigenen Körper.

***Psychiater sprechen von „dissoziativen Zuständen", das sind psychische Ausnahmezustände, in denen das harmonische Erleben von Wahrnehmung, Gefühlen, Gedanken und Körperempfindungen vorübergehend gestört ist. In einem solchen Zustand sind wir nicht mehr in der Lage, klar zu denken und überlegt zu handeln. Unser gesamtes Erleben ist aus dem Ruder gelaufen. (*Prof. Dr. Konrad Michael)**

Suizid ist keine überlegte Handlung, so schreibt er über:
das emotionale Hirn und das Vernunfthirn,
emotionale Krisen, die unser Gehirn überfordern,

gewisse Faktoren, die das Suizidrisiko erhöhen, frühe traumatische Erfahrungen, Suizidgedanken, mit denen nicht zu spaßen ist, Depressionen, die die Gefahr erhöhen.

Er hat über das Thema Suizid sehr ausführlich und verständlich geschrieben, Er schreibt, Suizid sei keine Handlung, sondern ein neurobiologischer Ausnahmezustand.

Der Suizid eines Kindes beziehungsweise eines Jugendlichen erregt immer starke Emotionen. Hier sind es keineswegs Kinder aus schwierigen Familienverhältnissen, die nicht mehr leben wollen, sie kommen auch aus intakten Verhältnissen und sind meist hochbegabt und sensibel. Es ist für Eltern unglaublich schwer, depressive Stimmungen von einer normalen Pubertätskrise zu unterscheiden.

Woher sollen sie dies auch können, häufig gelingt das nicht einmal Ärzten oder Psychologen, die Symptome richtig zu deuten. Die Pubertät ist eine Zeit der Findungsphase, Jugendliche probieren sich aus, um herauszufinden, wo liegen meine Stärken und wo liegen meine Schwächen. In diesem Prozess provozieren sie, sie ecken oft an.

Das ist alles ganz normal, das gehört zur Abgrenzung dazu, sie lernen, sich in dieser intensiven Phase von den Eltern abzugrenzen und abzunabeln. Der Pubertierende gerät irgendwie aus den Fugen, Leib und Seele verwandeln sich in eine Baustelle, Gefühlschaos, wo man nur hinschaut.

Im Biologie-Buch klingt das ganz harmlos … *Pubertät, heißt* es da, *ist eine Entwicklungsphase, in der sich die Geschlechtsorgane weiterentwickeln, bis die Geschlechtsreife eintritt. Normalerweise verläuft die Pubertät zwischen dem 10. und 17. Lebensjahr.*

Für uns Eltern heißt das, dass sich schlechte und gute Laune im stündlichen Rhythmus ändern kann. Gefühlsschwankungen sind für beide Seiten eine Herausforderung. Eltern begleiten die Pubertät, sie ertragen sie und sie lernen sie auszuhalten. Kleinigkeiten bringen die Pubertierende sehr schnell auf 180. Zickenzeit ist angesagt, verbunden mit Lustlosigkeit und Faulheit. Ein ganz normaler Abnabelungsprozess.

In dieser Lebensphase ist es nicht leicht zu erkennen, ob ein Jugendlicher in der Pubertät steckt oder schon an Depressionen leidet. Kaum eine Krankheit beeinträchtigt das gesamte Leben eines Menschen so stark, wie Depression. Einige Symptome können sich gegenseitig beeinflussen. So neigen einige Menschen dazu, dass durch das viele Grübeln ihre Gedanken oft um negative Erlebnisse kreisen.

Depressive fühlen sich oft unverstanden und alleine gelassen, psychisch gesunde Menschen können die Gefühle eines Depressiven kaum nachvollziehen.

Definition Depression: ***Zustand, in dem sich die Betroffenen minderwertig und den Anforderungen des Lebens über einen längeren Zeitraum nicht mehr gewachsen fühlen. Psychotisch Kranke beharren auf ihrer verzerrten Sicht von sich und ihrer Erkrankung und der Welt.***

Wenn du depressiv bist, lebst du in der *Vergangenheit.* Wenn du Angst hast, lebst du in der *Zukunft.* Wenn du inneren Frieden erlebst, dann lebst du in der *Gegenwart.*

Beim Lesen über das Thema - Suizid ist keine Handlung - konnte ich besser verstehen, dass ein Mensch in seinem Leben nicht mehr weiterweiß und dass Suizidgedanken aufkommen. Auch dass ein Suizidaler nicht mehr leben möchte und für sich keinen anderen Ausweg mehr sieht. Er ist verzweifelt und schafft es nicht, sich von seinen Gedanken und seinem Gefühlskonstrukt zu befreien.

Wenn Alkohol und Drogen dazukommen, ist es fast unmöglich, ohne Hilfe aus diesem Teufelskreis herauszukommen.

Das Thema *Suizid* und der damit verbundenen hohen Zahl Mitbetroffener lässt erahnen, wie weitreichend und nachhaltig dieses Thema sein kann.

Im Land der Trauer will die Nacht nicht mehr aufwachen. Mond und Sterne haben längst ihr Leuchten eingestellt. Selbst die Schatten gingen in der Finsternis verloren. Schwarze Gräser säumen unseren Weg, den wir nicht sehen.

Krankheiten der Seele können den Tod nach sich ziehen, und das kann Selbstmord werden. (Georg Christoph Lichtenberg)

Es hilft zu wissen, dass Suizid keine leichtfertige Entscheidung ist.

Jeder Suizide lässt nahestehende Angehörige zurück, die eine gewaltige Aufgabe zu bewältigen haben. Gleichzeitig müssen sie damit zurechtkommen, dass er/sie „freiwillig“ gegangen ist.

Nichts ist mehr so, wie es einmal war.
Der plötzliche Tod und die neu zugeteilte Rolle hinterlassen unterschiedliche Reaktionen. Viele Stunden und Tage befinden sich die Angehörigen wie in einem Nebel, ohne das Geschehene richtig zu begreifen. Alles um sie herum fühlt sich dumpf und unwirklich an. Viele dieser Hinterbliebenen sind von der Nachricht traumatisiert und schockiert.

Wie zum Beispiel der fürsorgliche Vater, eine liebende Mutter, der vorbildliche Bruder, eine geduldige Schwester, eine Schwägerin oder Schwager, eine gläubige Oma, ein konsequenter Opa, eine zuhörende Tante oder ein witziger Onkel. Sie alle haben den Verstorbenen in seinem Leben, jeder auf seine Art und Weise, begleitet. Sie weinen und trauern … Sie alle sind verlassen worden von einem Menschen, den sie geliebt haben. Ihr aller „Lebensmosaik" ist zerstört und muss mühsam wieder zusammengefügt werden. Sie alle werden auf individuelle und unterschiedliche Weise trauern, um ihre Lebenskrise zu überstehen. Der eine wird sich zurückziehen, ein anderer wird sich mit Sport ablenken, ein anderer findet Halt und Trost bei der Arbeit, ein anderer braucht die Unterstützung von Trauergruppen oder Therapeuten. Keiner kann die Tat ungeschehen machen, aber alle müssen damit weiterleben.

Ihre unterschiedlichen Gefühle, Gedanken, Schmerz und Scham stehen im Kontext zu einem geliebten Menschen.

TRAUERN MIT ALLEN HÖHEN UND TIEFEN

Was heißt trauern? Trauern heißt Abschied nehmen von einem geliebten Menschen, um den Verlust zu verarbeiten mit all seinen Höhen und Tiefen. Der Zeitaufwand für die Trauerbewältigung kann sehr schwanken und ist von Mensch zu Mensch unterschiedlich.

Trauer verläuft in vier Phasen:

1. Erste Phase: Leugnen – Nicht-wahrhaben-Wollen, den Verlust als Realität akzeptieren.
2. Zweite Phase: Aufbrechende Emotionen,
den Schmerz verarbeiten.
3. Dritte Phase: das Suchen, Finden, Loslassen,
sich an eine Welt ohne die verstorbene Person
anpassen.
4. Vierte Phase: Akzeptanz und Neuanfang,
eine dauerhafte Verbindung zu der verstorbenen
Person aufbauen.

Plötzlich und unerwartet wurde ich gezwungen, neue Wege zu gehen, ob ich wollte oder nicht, der Suizid meines Sohnes hat mich aus der Bahn geworfen und mein Leben total auf den Kopf gestellt.

Daniel hat sich vor den Zug geworfen …

MEINE TRAUERPHASEN

Die erste Phase meiner Trauer war einfach nur schrecklich. Ich wollte die Suizid-Nachricht nicht wahrhaben und nicht annehmen. Mein Sohn hat Suizid begangen, und ich musste mit dieser Nachricht fertig werden. Der Trauerschmerz hat den ersten Platz in meinem Leben eingenommen.

Meine Verzweiflung, meine Gefühlsschwankungen und meine Hilflosigkeit waren nun mein ständiger Begleiter.

Der Satz im April *Morgens in der Früh ... Daniel hat sich vor den Zug geworfen ...* Dieser harte Satz stellte mein Leben auf den Kopf. Ab hier lief die Zeit wie in Trance, es war sehr schwer, das seelische Gleichgewicht zu halten.

Ich habe die Worte vernommen, aber noch nicht verstanden. Die Worte *Daniel hat sich vor den Zug geworfen* schwebten in einem Tunnel. Stark sein war angesagt, meine Söhne warteten auf mich. Vieles musste geregelt werden, damit wir ins Rheinland fahren konnten.

Mein Partner regelte alles, ich war nicht in der Lage dazu, ich saß auf meinem Bett und starte die Decke an. Nach einiger Zeit stand ich auf, packte die Koffer, und wir traten die Reise an. Wir fuhren ins Rheinland zu meinem Exmann, mein Sohn lebte bei ihm im Haus. Bei unserer Ankunft war die Familie meines Exmannes anwesend. Wir hatten nach der Scheidung ein angespanntes Verhältnis.

Ob wir es wollten oder nicht, sorgte mein Sohn dafür, dass wir alle zusammensaßen und an Daniel dachten.

Ich ging in sein Zimmer, hier sah es aus, als ob er gleich nach Hause käme. Ich nahm das letzte Mal seinen Geruch war, ich hätte sehr gerne mehr Zeit in diesem Raum verbracht. Dieser Raum, der gleichzeitig auch mit vielen Erinnerungen verbunden war. Aber ich wollte es nicht, nicht hier, nicht heute und nicht in diesem Haus, wo ich viele Jahre mit Daniel verbrachte. Ich wollte meinem Schmerz nicht die Gelegenheit geben, hier auszubrechen. Ich wollte stark sein, und ich wollte funktionieren, so wie ich es gelernt hatte.

Ich ging wieder nach oben und steckte meine Energie in die ersten Gespräche, die sich um die Trauerfeier drehten.

Am folgenden Tag trafen wir uns beim Beerdigungsinstitut, wir entschieden uns für eine schwarze Urne, Schwarz und Weiß waren seine Lieblingsfarben. Danach fuhren wir zum Friedhof, um dort eine schöne Grabstelle, seinen letzten Platz im irdischen Leben, auszusuchen.

Wir besprachen noch einige Details, damit unser Sohn, trotz Suizid, eine schöne und würdevolle Feier bekommt. Wir machten Spaziergänge, wir richteten uns gegenseitig auf und spendeten uns Trost und gaben uns Halt in den schwersten Tagen unseres Lebens.

Die Warum- und Hätte-Fragen begleiteten unsere Wege. Unser Daniel ist nicht mehr unter uns, und wir alle konnten es nicht wirklich fassen, der Gedanke war der reinste Horror.

Da die Beerdigung erst 13 Tage später war - mein Exmann wollte erst einmal seine gebuchte Urlaubreise antreten und gleichzeitig das Haus, in dem auch Daniel gelebt hatte, verlassen - fuhren wir wieder nach Hause an die Ostsee. Unsere beiden Söhne übernahmen die restlichen Aufgaben der Beerdigung, das Aussuchen des Blumenschmucks und die Besprechung mit der Trauer-Rednerin.

Zu Hause an der Ostsee angekommen, schlug der Satz *Daniel ist tot* mit voller Wucht über mich her.

Mein Körper schmerzte, meine Seele weinte … Ich ging Stunden weinend im dunklen Zimmer - von Musik begleitet - auf und ab oder lag apathisch in meinem Bett. Der seelische und die körperlichen Schmerzen wurde nicht weniger. So verbrachte ich die ersten Trauertage. Ich fing an, mich selber zu verletzen, mit diesem Ventil verschaffte ich mir kurzfristig eine Erleichterung.

Ich war nicht in der Lage, mit meinen Ängsten, meinen Emotionen und meiner Trauer anders umzugehen. Meine Ruhelosigkeit und meine innere Zerrissenheit wurden nur zeitweise gemildert. Ich vermied die Sonne - es war ein Jahrhundert-Sommer -, ich mied die Menschen, ich zog mich zurück.

Meine Selbstverletzung habe ich einige Zeit beibehalten, es half mir, meine Hilflosigkeit, meine Verzweiflung und meinen Schmerz besser auszuhalten.

Ich habe in meinem ganzen Leben noch nie so viele Tränen vergossen, so viel Kaffee getrunken und so viel geraucht. Mein Geist befand sich im Ausnahmezustand, meine Seele war verletzt, und ich war eifrig dabei, einen Ausweg oder eine Lösung zu finden.

Manchmal hatte ich das Gefühl, es nicht zu überleben, eingefangen in meiner eigenen Trauer. Es war das Schlimmste, was mir in meinen Leben passiert war, egal, was ich für Höhen und Tiefen in meinem Leben durchlebte, war dies mit Abstand meine größte Herausforderung.

Ich konnte von meinem toten Sohn keinen Abschied nehmen, es wurde uns vom Bestatter abgeraten, so schrieb ich meinem Sohn einen Abschiedsbrief und legte diesen Brief in sein Grab. Ich schrieb den Brief unter Schmerzen, vielen Tränen, und Warum-Fragen belagerten mein Herz und meinen Verstand.

Es wurde der letzte Brief, die letzte Nachricht an meinen Sohn. Einladungen von Freunden, Spaziergänge am Meer oder sonstige Ablenkungsversuche von meinem Partner, denen gab ich keinen Platz. Ich vergrub mich in meine vier Wände, ich vergrub mich lange Zeit in mich selber.

Ich fiel oft in ein tiefes Loch und glaubte, daran zu zerbrechen. Alle meine Gefühle kamen zum Vorschein, sie bahnten ihren Weg nach außen. Schmerz, Wut, Leid, Zorn standen immer im Fokus der Warum- Fragen. Trotz des großen Kummers versuchte ich, meinen Sohn zu verstehen, mir half es, sagen zu können, er hatte Depressionen, das nahm dem Schrecken die Größe. Trotz allem war der Weg schmerzhaft und anstrengend.

Die Zeit zwischen dem Todestag und der Beerdigung war für mich der reinste Horror, die Vorstellung, dass mein Sohn der Erde übergeben wird und somit das Endlose zu akzeptieren, lag mir fern.

Anfang Mai fuhren wir wieder ins Rheinland - zur Beerdigung. Das erste Mal in meinem Leben wünschte ich mir, nie anzukommen oder dass die Fahrt ewig dauert, ich wollte nicht ankommen, ich wollte nicht an der Beerdigung meines Kindes teilnehmen.

Wie sollte ich Abschied nehmen von meinem Sohn, den ich eigentlich nicht gehen lassen wollte? Das Einzige, was ich auf der

Fahrt wahrnahm, war meine Zerrissenheit und meine Unruhe und der Wusch, einfach nur wegzulaufen.

Über die Beerdigung werde ich nicht viel schreiben, es ist ein sehr persönlicher und individueller Weg. Jeder, der schon einen lieben Menschen zu Grabe getragen hat, weiß, wie es ist, einen solchen Weg zu gehen. Hier ist es auch egal, welche Gründe zu einem Tod führten. Körper und Geist befinden sich im Ausnahmezustand. Es ist und war der schwerste Gang in meinem Leben.

Mein Sohn wurde geboren -
ohne gefragt zu werden.
Mein Sohn wurde geliebt - ohne viele Worte.
Mein Sohn ist gegangen - ohne uns zu fragen.
Er hinterlässt eine große Leere.

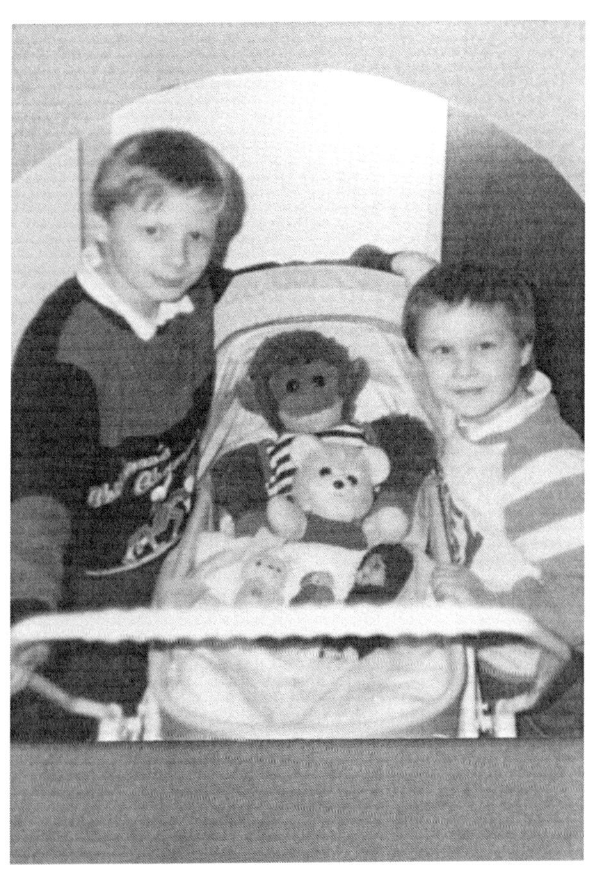

Abschiedsbrief (in gekürzter Version):

Lieber Daniel!

Wir haben alle mit Spannung auf dich gewartet. Wir hatten eine schöne Zeit mit dir, du warst ein fröhliches aufgewecktes Kind, ein echter Sonnenschein.

Ganz egal, was wir als Familie unternommen haben, du warst stets mit Freude dabei. Ich werde hier in diesem Brief auch nicht viel von deiner Kindheit schreiben. Es war für mich eine schöne Zeit ...

Irgendwann, so in der Pubertät, habe ich bemerkt, dass du dich geritzt hast, dass du Sorgen hattest. Ich habe deine Krankheit Borderline zuerst noch nicht mit Depressionen in Verbindung gesetzt. Deine Stimmungs- und Gefühlsschwankungen habe ich auch auf die Pubertät geschoben. Dabei hast du schon mit deiner innerlichen Zerrissenheit und deinen Ängsten gekämpft. Die vielen Therapien, die du dann in Angriff genommen hast, haben dir wohl nur zeitweise geholfen. Ich habe immer gehofft, die Therapeuten kriegen das wieder hin …

Dein weiterer Weg wurde holprig, steinig und anstrengend, ich habe immer versucht, das Richtige zu tun und das Richtige zu sagen.

Das ist mir nicht immer gelungen, aber eines weiß ich genau: Ich habe dich immer sehr, sehr lieb gehabt. Wir haben viele Spaziergänge mit Paula im Wald gemacht und viele Gespräche geführt, es sind auch Tränen geflossen, ich danke dir für diese schönen Stunden.

Heute weiß ich, das Liebhaben und Zuhören haben nicht gereicht, ich hätte mir in dieser Zeit schon therapeutische Hilfe holen müssen, um dich besser begleiten zu können.

Du warst lange auf der Suche, dich zu finden. Zwischenzeitlich sah es auch so aus, als würdest du deinen Weg schaffen. Du hast dich verliebt, oh Gott, ich mag gar nicht daran denken, wir waren beide, jeder auf seine eigene Art mit dieser Frau überfordert. Ich weiß noch, wie ich dich eines Nachts mal abgeholt habe ..., wir haben nur geweint. Es tat dir so leid, dass sie so mit mir umgegangen ist.

Als deine neue Freundin in dein Leben trat, warst du richtig verliebt, du bist mit ihr zusammengezogen. Hier warst du nach langer Zeit mal so richtig glücklich, es war schön, das zu sehen.

Nach der Trennung bist du nach Bittburg gegangen, das hast du nur für uns gemacht und für uns auch durchgehalten. Aber trotz alledem warst du sehr stolz, als du es geschafft hast, ich sehe noch dein Lächeln in deinen Augen.

Deine unermüdlichen Versuche, einen Job oder Arbeit zu finden und auch zu behalten, waren für dich der reinste Horror.

Egal, aus was für Gründen, das hat dir schon sehr zu schaffen gemacht, du sagtest mal, das es nicht so dein Weg wäre, du könntest auch von Harz IV leben.

Ich gebe zu, das musste ich erst mal lernen. Ich bin da zu sehr kopfgesteuert, Beruf gehört für mich im Leben dazu, nicht nur um Geld zu verdienen, sondern auch, um im sozialen Leben zu stehen.

In diesem Punkt kamen wir beide nicht gut zurecht. Dabei hattest du ein soziales Leben, eben nur ein ganz anderes. Für dich war aber immer klar, dass man in unserer Gesellschaft einfach nur Mensch sein kann. Und du warst ein toller Mensch.

Als ich ausgezogen bin, haben wir unsere Spaziergange mit Paula weitergeführt.

Du bist gerne zu mir gekommen, warst aber immer froh, wenn Frank nicht da war, den konntest du nicht so gut leiden.

Heute weiß ich, dass ich deine Drogenabhängigkeit so richtig unterschätzt habe, ich war immer im Glauben, du kiffst nur.

Ich werde mir auch nicht verzeihen, dass ich an die Ostsee gezogen bin, das war einfach zu weit weg, zu weit für uns ... und auch zu weit für deine Brüder.

Ich habe sogar schon mit dem Gedanken gespielt, zurückzukommen. Schade, nun ist es zu spät ...

Mein lieber Daniel, die ständige Angst um dich begleitete mich schon sehr lange. Das soll keine Entschuldigung sein, das ich nicht für dich da war. Manchmal war ich auch einfach nur hilflos und müde, es tat so weh, wenn ich dich in schlechten Phasen erlebt habe, man kam nicht an dich ran.

Scheiß drauf, ich hätte einen anderen Weg finden müssen!

Viele, viele Jahre immer die Angst, du könntest dir was antun, heute weiß ich, reden hätte geholfen ..., einfach nur reden und für dich da sein. Ich war nicht für dich da ..., ich war einfach nicht da.

Verzeih mir ..., hallo, du da oben .... Weißt du was, die Angst ist weg ..., der Preis ist zu hoch.

Hallo, du da oben, wo immer du auch bist, du siehst ja, wie verzweifelt ich bin, aber mach dir keine Sorgen, ich werde nicht zu dir kommen, auch wenn mir gerade danach ist.

Ich komme einfach nicht damit zurecht, und das nehme ich dir auch übel, dass du nichts gesagt hast.

Ein Wort von dir, dass es dir so scheiße geht, und ich wäre gekommen, das wusstest du ..., das habe ich dir oft gesagt. Und wenn nicht ich, dann ein anderer aus der Familie, ein Hilferuf - nur einer - und es wäre jemand da gewesen, und das wusstest du auch, das tut allen so verdammt weh, dass du es nicht versucht hast. Wir alle hatten dich sehr lieb, und das wusstest du auch, wir haben oft darüber gesprochen.

Nun bist du deinen letzten Weg in Verzweiflung, in Kummer und im Schmerz alleine gegangen. ... Wir wären gerne einen anderen Weg mit dir gegangen.

Ich habe natürlich nicht alles aufgeschrieben, dein Leben war zwar kurz, aber um dein Leben aufzuschreiben, war es doch zu lang.

Im zweiten Brief werde ich das berücksichtigen. Versprochen

Lieber Daniel, ich werde dir den Brief per Grab senden

Ich liebe dich von ganzem Herzen.

Ich wünsche dir in deiner neuen Welt alles erdenklich Gute und wünsche, dass du nun angekommen bist, egal, wo immer du dich befindest, und dass du deinen Frieden gefunden hast.

Kuss und Drücker, Deine Ma

In der zweiten Phase war ich auf der Suche nach Antworten. Warum und wieso hat er das getan? Dabei rückte das Wort *Suizid* immer wieder in den Vordergrund, und das gelebte Leben meines Sohnes rückte in den Hintergrund.

Es ist nicht einfach, man trauert um sein Kind und als ob das nicht schon schlimm genug wäre, kommt der Suizid noch dazu.

Und immer diese Schuldgefühle, nicht genug getan zu haben. Jeder, der diesen schmerzhaften Weg gehen muss, weiß, was ich meine. Immer diese Gedanken: … Sind Eltern, die ein Kind durch Suizid verloren haben, schlechte Eltern?

Das Leben meines Sohnes bestand ja nicht nur aus seinem Suizid. Ich war einfach nur überfordert und auf der Suche nach Antworten.

Der Weg, wieder seinen Platz zu finden, um den Alltag zu meistern, war sehr schwer, er benötigte sehr viel Kraft, Durchhaltevermögen und Disziplin. Auch ich musste feststellen, den alten Alltag gibt es nicht mehr, nichts, aber auch gar nichts mehr ist in meinem Kopf, wie es einmal war.

Ich schaute oft auf mein Handy - keine WhatsApp, kein Anruf in Abwesenheit, keine E-Mail, nichts, rein gar nichts war mehr von meinem Sohn zu hören, er war weg, nicht mehr da … weg für immer.

Ich kann ihn nicht mehr hören, nicht mehr sehen, nicht mehr riechen, nicht mehr umarmen. Ich kann ihm nichts mehr erzählen, und ich kann ihm nicht mehr zuhören.

Für mich war es auch sehr anstrengend, die Trauergedanken im Kopf so zu schieben, dass der Alltag und die Arbeitsaufgaben wieder einen Raum bekamen. Was mir sehr zu schaffen machte, war der Kraftaufwand, um meine alte Struktur wiederzufinden. Mit meinem Verantwortungsbewusstsein und den Worten *das Leben geht weiter, und Arbeit lenkt ab* ging ich nach sechs Wochen wieder arbeiten. Ich habe vier Monate funktioniert, Schlaflosigkeit, Unkonzentriertheit und die ständige Kraftlosigkeit begleiteten nun meine Tage. Ich war oft so müde, so ausgelaugt, so energielos und so traurig.

Auch meine Rückenschmerzen plagten mich immer stärker, ohne Tabletten kam ich nicht mehr aus. Mein Einstig in die Arbeit war nicht leicht, vielleicht lag es an mir, ich war empfindlicher, dünnhäutiger und verletzbarer. Vielleicht lag es auch daran, dass ich ein eigenartiges Schamgefühl entwickelt hatte, ich dachte oft, mein Gegenüber schaut mich anders an. Ich wollte nicht gesehen werden und wäre lieber im Erdboden versunken, und ich sehnte mich nach meiner Schutzhöhle.

Ich musste mir eingestehen, dass ich sehr oft überfordert war mit der ganzen Situation.

Und so kam es zu einem Zusammenbruch, die Trauer, der unzufriedene Arbeitszustand, die ständigen Schuldgefühle, die starken Rückenschmerzen und die ständige Müdigkeit, das wurde einfach zu viel für mich. Ich bin psychisch wie körperlich an meine Grenzen gestoßen. Ich wollte nur noch weglaufen …, einfach nur weg, weit weg.

Mein Arzt verschrieb mir eine Auszeit.

Meine Gedanken schwebten wieder in einem Tunnel. Ich musste feststellen, dass meine Achtsamkeitsübungen, die ich in der Zwischenzeit bei meiner Trauerbegleitung gelernt hatte, zu sehr von meiner Arbeit abgelenkt waren und ich mich selber vergessen hatte. Es gelang mir nicht, die Komponenten Trauer und Alltag in Einklang zu bringen.

Es schwirrten wieder so viele Fragen in meinem Kopf. Meine Arbeit, wo ich versagt hatte, und meine Schuldgefühle ließen mir keine Ruhe.

Was mich sehr beschäftigte, war immer wieder die Frage: Hatte ich die Möglichkeit, auf Daniel Einfluss zu nehmen, und wann wäre das gewesen? Hätte ich doch nur besser auf ihn aufgepasst! Wäre unser aller Leben anders verlaufen, wenn wir nicht umgezogen wären? Wie wäre sein Leben verlaufen, wenn wir Eltern uns nicht getrennt hätten? War mein Umzug an die Ostsee zu weit? All diese Fragen kreisten in meinem Kopf.

Es war nicht einfach, sich all den Fragen zu stellen, denn der Einzige, der hier eine Antwort geben könnte, war ja nicht mehr da.

Es gibt kein Handbuch, wie man einen Trauerweg gehen soll und wie man sich all den Fragen stellen kann.

Beim Lesen einiger Bücher habe ich festgestellt, dass sich viele Eltern, die ein Kind durch Suizid verloren haben, sich immer wieder die gleichen Fragen stellten.

Trotz des großen Kummers versuchte ich, meinen Sohn zu verstehen, mir half es, sagen zu können, er hatte Depressionen, das nahm dem Schrecken die Größe. Trotz allem war der Weg schmerzhaft und anstrengend.

Mein Partner hatte immer versucht, mich zu verstehen, obwohl ich in dieser Zeit nicht immer einfach war. Ich war nicht mehr die Alte, ich war empfindsamer, empfindlicher und so endlos traurig.

In einer meiner tiefsten Trauerphasen fuhr ich mit dem Auto zur Autobahn – weg, einfach nur weg. Musik lief im Radio, die Sonne schien, dazu das Tempo - ein Minirausch - es kam der Gedanke: „Jetzt die Hände vom Lenker …, Ruhe …, Kopf frei!" Es war nur ein kurzer Gedanke, denn die Tatsache, dass liebe Menschen nun um mich trauern, kam für mich nicht in Frage. Ich suchte Hilfe in einer Selbsthilfegruppe und beantragte eine Rhea.

In der dritten Phase der Trauer, der Akzeptanz und des Neuanfangs war ich noch krankgeschrieben. Ich habe eingesehen, hier geht es um mich -nur um mich -, und nur ich bin dafür verantwortlich, dass es mir besser geht. Ich nahm mir die Zeit und schaute in mich hinein.

Zuerst kümmerte ich mich um meinen Rücken und meine Magenschmerzen, mit denen war ich fast mehr beschäftigt als mit meiner Trauer. Ich wusste oft nicht wohin mit mir, ich konnte nicht lange liegen, nicht lange stehen und nicht lange sitzen, und so begann ich zu schreiben. Ohne Medikamente waren die Schmerzen nicht auszuhalten. Meine Ärztin sagte, dass die Rückenschmerzen psychisch bedingt wären.

Mein Partner, der mich immer versuchte abzulenken und zu Spaziergängen zu überreden, war an Grippe erkrankt.

Alleine fehlte mir der Antrieb, und so ließ ich mich erst einmal hängen und schob das Thema Rücken erst einmal hinaus, so nach dem Motto, die Reha wird es schon richten.

Mein seelischer und körperlicher Zustand schwächte mich, ich fühlte mich nur noch erschöpft und antriebslos.

Ich saß sehr oft in der Früh am PC und habe weinend an meinem Buch geschrieben und an meinen Sohn gedacht. Mein Sohn war mit seiner mitfühlenden Art ein liebevoller, geduldiger und ein sensibler Mensch gewesen.

Daniel war ein Alles- oder Nichtsdenker. Für ihn gab es nur gut oder schlecht, schön oder hässlich, wertvoll oder wertlos, Schwarz oder Weiß. Für ihn gab es nur einen richtigen Weg, also alles oder nichts. Diese Denkart brachte ihn schon oft in Bedrängnis und erschwerte damit seine Gedanken, Gefühle und Lebensansichten.

Ich denke, dass er oft in seinem extremen Denkmuster gefangen war.

Beim Schreiben dieser Seiten begegnete mir immer wieder das Endgültige, dass mein Sohn nicht mehr da wäre und dass sich das nicht mehr ändern würde.

Sein menschlicher Körper war verbrannt, seine Asche lag in der Erde und seine Seele lebte im Jenseits bei Gott.

Ich fing an, mit Gott zu hadern, ich war wütend auf Gott, warum hatte er das zugelassen? Gibt es Gott - und wo war er, als er das verzweifelte Leben meines Sohnes von oben betrachtete.

Warum hatte Gott mich nicht erhört, wenn ich zu ihm betete. Bisher glaubte ich an Gott, und ich glaubte auch daran, dass unser Leben aller Menschen vorhergesehen und vorbestimmt ist. Dass wir alle eine Aufgabe auf der Erde zu erfüllen haben, das klingt erst einmal vernünftig, aber was wäre dann die logische Konsequenz, dass man nicht mehr selber auf sich und andere achtzugeben braucht. Gott sorgt für uns - das scheint mir doch zu einfach. Beim Thema *Suizid* bin ich auf Max Ehrmann gestoßen, von ihm stammt die folgende Desiderata (1927), die mich sehr angesprochen hat und zu meinem Lebensmotto passt: *Seelenhygiene - für einen lebensbejahenden Umgang mit unserem einmaligen Leben:*

Gehe deinen Weg gelassen im Lärm und in der Hektik dieser Zeit und behalte im Sinn und den Frieden, der in der Stille wohnt. Bemühe dich, mit allen Menschen auszukommen, soweit es dir möglich ist, ohne dich selbst aufzugeben. Wo immer es nötig ist, sage ruhig und besonnen die Wahrheit, und sei dir dabei stets bewusst, dass diese auch schmerzen kann.

Höre die Weltweisen, aber höre auch die anderen an, selbst wenn sie dir unwissend und dumm erscheinen, denn auch sie haben ihre Geschichte und an ihrem Schicksal zu tragen.

Meide die lauten und streitsüchtigen Menschen, denn sie sind eine Qual für den Geist. Wenn du dich mit anderen vergleichst, werde nicht hochmütig und überheblich oder fühle dich nicht zu gering. Wisse: Es wird immer Menschen geben, die besser, vielleicht auch bedeutender oder geringer sind als du. Freue dich an dem bisher Erreichten und deinen Plänen, die dich beflügeln.

Sei eifrig in deinem Beruf und sorge, dass er dir Freude macht und Zufriedenheit in dir schafft, wie bescheiden er auch immer sein mag, er ist ein echter Besitz im Wechsel der Zeiten. In geschäftlichen Dingen sei vorsichtig; denn überall lauern Betrüger, die dich schädigen wollen. Das soll dich jedoch nicht blind machen für das Gute und Schöne und was dir sonst noch an Anstand begegnet. Suche deinen Vorteil und nutze ihn, aber nicht zum Schaden anderer. Viele Menschen streben nach hohen Idealen, und überall gibt es gute Menschen und Helden. Sei du selbst! Bleibe dir selber treu, was auch immer geschehen mag, Und - was immer du bist, bleibe stets bescheiden. Heuchle nie Gefühle vor, wo sie nicht vorhanden. Du schadest dir damit selbst und vor allem verletzt du andere.

Denke nie verächtlich über die Liebe, denn sie ist etwas Heiliges, und wo immer sie sich wieder regt, behandle sie als etwas Kostbares. Sie erfährt so viel Entzauberung, erlebt so viel Enttäuschung und erträgt manche Dürre. Dennoch wächst sie immer wieder neu wie frisches Gras, sie ist voller Ausdauer und Langmut.

Ertrage mit freundlicher Gelassenheit den Rat der Älteren, besonders, wenn sie dir nahestehen. Gib die Jugendjahre mit Anmut zurück, wenn sie vorüber sind. Stärke die Kraft deines Geistes, damit sie dir beisteht, wenn plötzliches Unheil über dich kommt.

Überfordere dich nicht mit Wunschträumen, bleibe realistisch und schau auf das, was im Augenblick nötig und möglich ist. Denn viele Ängste kommen aus falschen Erwartungen und Vorstellungen. Sie machen dich an Leib und Seele kaputt und nähren deinen Verdruss. Bei aller Übung von Selbstdisziplin sei freundlich zu dir selbst. Du bist ein Kind der Schöpfung, ebenso wie Sonne, Mond und Sterne sowie Bäume und Sträucher, Berge, Hügel und Täler, Wind, Wasser und Feuer ein Teil dieser sind.

Du hast ein Recht, hier zu sein. Du brauchst dich nicht zu rechtfertigen, Gott hat dich gewollt; er liebt dich und will, dass du glücklich bist. Und wenn du dich auch selbst und deine Umwelt nicht verstehst, so entfaltet sich doch die Welt nach Gottes Plan. Er hält und trägt dich.

So lebe denn in Frieden mit Gott, was du auch immer für eine Vorstellung von ihm hast. Was auch immer dein Streben und Seh-

nen ist, bewahre dir den Frieden mit deiner Seele, also den Frieden mit dir selbst und deinen Mitmenschen. Dann wird in dir die Erkenntnis wachsen, dass die Welt bei aller Mühe und Last, bei aller Plage und zerronnenen Träumen, dennoch eine schöne ist, auf der zu leben sich lohnt.

Greife nicht nach den Sternen. Strebe behutsam danach, zufrieden und glücklich zu sein.

Ich denke, es ist nicht nur die Wertschätzung die wir anderen Menschen gegenüberbringen, man sollte sie sich auch selber zugestehen. Achte auf dich und vergiss dich nicht.

Zuerst das Leben, dann der Tod - und was liegt dazwischen, bevor wir den nächsten Schritt ins Jenseits gehen?

Gibt es ein Leben dazwischen?

Gibt es ein Leben nach dem Tod?

Wie würde das Leben nach dem Tode aussehen?

Ich weiß nicht viel darüber, ich habe mal über Nahtod-Erfahrungen gelesen.

Sicher gibt es auch Indizien, die für eine andere Seite sprechen - also der biologischen Seite. Diese Seite sagt, Sterben ist ein Prozess, und der Körper durchläuft verschiedene Phasen.

Wenn das Herz aufhört zu schlagen, werden die anderen Organe nicht mehr mit sauerstoffreichem Blut versorgt. Die Organe sterben nacheinander.

Die Großhirnrinde, hier sitzt das Bewusstsein, braucht besonders viel Sauerstoff, es erleidet als ersten Schaden. Hier kann es auch zu Bewusstseinsveränderungen - Halluzinationen oder sensorische Ausfälle - kommen, und dann verlieren wir die Sinne über den Körper, es stellt sich ein Schwebe-Gefühl ein. Aus dieser Phase kommen die so oft berichteten außerkörperlichen Erfahrungen und das beschriebene Licht am Ende des Tunnels.

Für mich ist es ein schöner Gedanke, dass mein Sohn durch den Tunnel gegangen ist und dass er in eine andere Welt umgezogen ist.

In meiner Trauerverarbeitung hat mich mal jemand gefragt, ob ich an Engel glaube. Meine Mutter glaubte an die Macht der Engel, in meinem Leben gehörten Engel nicht wirklich dazu. Für mich gab es nur Engel in der Kirche oder Engel, die im Himmel schweben. Von meiner Mutter habe ich etwas über Schutzengel gehört, ich habe sie auch mal lange Zeit in Anspruch genommen und zu ihnen gebetet. Ich habe geglaubt, wenn ich an Daniels Schutzengel bete, könnte er meinen Sohn im Leben unterstützen. Nun, was soll ich sagen, mir haben die Engel nicht zugehört, vielleicht war der Glaube an Engel auch nicht stark genug. Ich weiß es nicht und ich weiß auch nicht viel über die Kraft der Engel und deren Wunder. Meine Mutter sagte mal, man müsse sie nur in unseren Alltag einladen, und sie würden viele Situationen und Fragen auf wunderbarere Weise klären.

Mir ist die Kraft der Engel nicht begegnet. Was sind Engel, Erzengel und Schutzengel?

Engel sollen Bote Gottes oder geistige Wesen sein, die im Licht Gottes leben. Engel würden wir erkennen, wenn man daran glaubt und dann wären sie für uns präsent. Schutzengel sollen uns in unserem Leben begleiten, beschützen und uns in schwierigen Zeiten unterstützen. Der Schutzengel soll auch in Verbindung mit unserer Seele und mit dem geistigen Lehren stehen, und mit seiner Hilfe würde unser Leben angenehmer werden. Auf dem Weg der Neuorientierung habe ich auch über Engel gelesen, ich kann mir nicht wirklich vorstellen, dass Engel in meinem Leben einen Platz bekommen und für mich zu einem Lebensbegleiter werden.

Es gibt so viele Arten von Engeln und deren Daseinsberechtigung, ich weiß zu wenig darüber.

In der vierten Phase meiner Trauer war das Loslassen von meinem Sohn am schwersten.

Was heißt loslassen? Für mich hieß das Wort loslassen das letzte Ereignis, den Suizid meines Sohnes zu verarbeiten. Der Suizid und die damit verbundene Schwere durften nicht mehr im Vordergrund stehen. Ich schaffte es, das Schwere loszulassen und den dunklen Gefühlen nicht mehr so viel Raum zu geben. Viele liebevolle Gedanken, Gefühle und gelebte Erinnerungen an meinen geliebten Sohn fanden wieder ihren Weg in mein Herz. Ich werde mit dem Verlust meines Sohnes leben müssen, jede Stunde, jeden Tag, jeden Monat und jedes Jahr. Es gibt keinen Tag, an dem ich nicht an ihn denke.

Je schöner und voller die Erinnerung, desto schwerer ist die Trennung. Aber die Dankbarkeit verwandelt die Qual der Erinnerung in eine stille Freude. Man trägt das vergangene wie ein kostbares Geschenk in sich. (Dietrich Bonhoeffer)

Gleichzeitig hatte ich das innere Bedürfnis, alles zu entrümpeln, es ging nicht nur darum, Daniel einen neuen Platz in meinem Leben zu geben, sondern auch meinen emotionalen Rucksack aufzuräumen.

Ich fing ganz simpel damit an, zuerst entrümpelte ich meinen Kleiderschrank, danach ordnete ich meine Unterlagen. Ich schrieb mein Testament und brachte meine Betreuungsverfügung auf den neuesten Stand. Auch das Stöbern in meinen Fotoalben sorgte dafür, dass ich mich meiner Vergangenheit stellte. Ich wollte mich von „Altlasten“ befreien, ich wollte durchatmen und wieder

Luft holen, lebendiger wollte ich wieder werden.

Auch der Drang, meinem Partner etwas Gutes zu tun, kam immer wieder in mir hoch. Er war für mich da, auch wenn Glück und Freude zurzeit nicht zu unserem Alltag gehörten.

… in guten und in schlechten Zeiten …

Ich habe ein Fotoalbum erstellt, ich wollte ihm damit eine kleine Freude machen und danke sagen, dass er so für mich da war. und die eigenen Kräfte verbraucht sind

Dieses Buch zeigt unsere Vergangenheit, und macht gleichzeitig Freude auf die Zukunft.

Meinem emotionalen Rucksack habe ich während der Zeit des Schreibens und in der Reha immer wieder ein Stück geöffnet.

Das letzte Jahr hat Spuren hinterlassen, es war mit vielen Höhen und Tiefen gepflastert. Es hat lange gedauert, bis die ersten Höhen-Steine den Weg gepflastert hatten.

Das erste Weihnachten nach dem Tod von Daniel habe ich mit meinem Partner verbracht. Ich wollte eine Reise machen, ich wollte an diesen Tagen nicht in der Traurigkeit und dem Schmerz unterzugehen. Ich hatte mich schon zu lange in meine vier Wände und in mich verkrochen.

Die Reise war der erste Schritt, wieder in ein normales Leben einzutauchen. Heute glaube ich fest daran, dass mir die Reise gutgetan hat.

„Das Leben dreht sich weiter, auch ohne meinen Sohn."

Auch die vielen Gespräche, die ich mit meinem Partner, meinen Söhnen und meiner Selbsthilfegruppe geführt hatte, haben mich weitergebracht.

Nach der Reise wurde mir so richtig bewusst, dass ich viel zu lange antriebslos und lustlos war. Ich hatte lange Zeit auf nichts

Lust, ich war so träge, ich war so lustlos und so faul geworden.

Diese Erkenntnis wurde mir im Urlaub so richtig bewusst, und es wurde mir im Spiegelbild auch deutlich angezeigt. In dem Hotel gab es viele Spiegel, ein Albtraum für manche Frauen.

Es ist schon eigenartig, aber hier, an einem fremden Ort, mit dem man keine Verbindung hat, wurden mir ein Stück die Augen geöffnet.

Meine Unzufriedenheit über die Erkenntnis, dass ich mich richtig habe gehen lassen, weckte eine neue Energie in mir …, aber diesmal eine positive - ran an den Speck.

Mit dem Thema Saftkur, einem Schrittzähler und einem Tanzkurs sagten wir den Pfunden den Kampf an. Was mich sehr erfreute, war, dass mein Partner, der auch sichtbare Pfunde am Bauch hatte, mitmachte. Den Schicksalsschlag den ich erlebte, ist nun ein Teil meines Lebens, die Erinnerungen und meine Gefühle, die ich für meinen Sohn habe, werden mich immer begleiten. Ich habe mich auf einen schweren Trauerweg eingelassen, um am Ende meines Weges wieder eine Zufriedenheit, eine Lebendigkeit und meinen alten Optimismus wiederzufinden.

Ich musste lernen, wieder an mich zu denken und auf mich zu achten. Ich musste lernen, kein schlechtes Gewissen mehr zu haben, wenn mir nach Lachen zumute war. Ich musste lernen, offen sagen zu können, das Leben ist schön und ich habe Freude daran. Ich musste lernen, an die Zukunft zu denken und an die Zeit, die ich noch mit meinem Partner haben werde.

SCHULDGEFÜHLE

Es ist ein ganz normaler Prozess, dass sich Schuldgefühle nach einem Suizid im Kopf breitmachen, und hier spielt es keine Rolle, ob man viel, wenig oder gar keine Schuld hat. Die Schuldfrage nimmt Raum ein, ob man will oder nicht. Das kann auch an den äußeren Umständen liegen, eine Suizid-Nachricht wird von der ermittelnden Polizei überbracht. Da steht das Thema Schuld sofort im Raum.

Auch die Warum-Fragen stehen im Raum: *Habt ihr nichts bemerkt, da muss doch was gewesen sein. Man bringt sich doch nicht einfach so um.*

Für uns Außenstehende sind die Gründe nicht immer nachvollziehbar, und bei einigen wird es ein Leben lang ein Rätsel bleiben.

Schuld ist ein sehr kompliziertes und vielschichtiges Thema, aber im Falle eines Suizids sind diese Gefühle unweigerlich. All die Fragen und all die Gedanken, die in einem brodeln, sollten verarbeitet werden. Ich bin schuld am Tod meines Kindes, ich habe nicht genug für dieses getan, ich habe nichts bemerkt, ich habe es alleine gelassen.

Haben Angehörige wirklich Schuld, wenn sich ein Kind entscheidet, sein Leben zu beenden, oder sind die Schuldfragen eher ein Prozess des eigenen Gerichtes, man fühlt sich als Ankläger.

Das Schuldprinzip kann in allen Lebenssituationen angewandt werden, nicht nur bei Suizid.

Für uns Suizidtrauernde ist es manchmal hilfreich, sich mit der Schuldfrage auseinanderzusetzen, damit sie sich nicht wie ein Stein in unserer Seele festsetzt.

Diese Gedankenspiralen sollten mit Hilfe eines Therapeuten durchbrochen werden.

DER UMGANG MIT MEINEM UMFELD

Auch in meinem Umfeld gab es Menschen, die verunsichert waren, was Trauer und Suizid anging.

Das Leben der anderen hatte sich ja nicht verändert, es war heil geblieben, nur meins hatte sich verändert. Hilflosigkeit und Missverständnisse auf beiden Seiten. Was braucht ein Trauernder, was hilft dem Gegenüber, beide Seiten haben weder Erfahrung noch Übung im Thema *Trauer und Suizid*.

Es war wahrscheinlich für beide Seiten nicht einfach, sie waren ja nicht betroffen, sie waren nicht so empfindsam wie ich, doch alle waren bemüht, das Richtige zu sagen und zu tun. Mit der Zeit hatte ich gute Antennen entwickelt, was aufrichtige und ehrliche Anteilnahme betraf, auf authentisches Mitgefühl antwortete ich meistens mit dem Satz: *Ganz gut so weit!*

Ich zog mich am Anfang der Trauerzeit zurück, das war für mein Umfeld nicht immer nachvollziehbar.

Der Satz *Melde dich* kam mir oft nur halbherzig vor, das lag sicher an mir, denn ich

reagierte oft empfindlich und verletzlich auf gut gemeinte Ratschläge.
Viele lieb gemeinte Einladungen kamen bei mir nicht an, ich hatte einfach nur mit meinen Kummer zu tun. Auch der Satz *Das Leben geht weiter, du musst nach vorne schauen* prallte an mir ab.

Mein Leben ging erst einmal nicht weiter, es stand still, in meinem Kopf drehte sich alles nur um Suizid, Schuldgefühle und Tod. In dieser Phase gab es für mich kaum tröstende Worte.

Manchmal fühlte ich mich vom Freundeskreis ausgeschlossen, lag es daran, dass ich mich lange Zeit zurückgezogen hatte? Hatte das Zurückziehen Desinteresse vermittelt?

Warum traute man sich nicht, offen mit solchen Gedanken umzugehen? Heute glaube ich, dass beide Seiten einfach nur überfordert waren mit dieser so neuen, ungewohnten Situation.

Für mich war es in dieser Zeit einfacher, mit Menschen zu sprechen, die sich auch in einer Trauerphase befanden. Die Erfahrung der Gleichgesinnten machten Gespräche über einen Verstorbenen leichter. Was für mich sehr spannend war, war, dass ich mich wieder mit dem wohl gemeinten Klischee auseinandergesetzt hatte. Diese Sätze und Zitate waren für mich immer Helfer für bestimmte Lebensphasen und hatten in meinem Leben eine Berechtigung. Auf meinem Trauerweg gingen sie erst einmal verloren. Das ist bei Nichttrauernden nicht so, und deshalb werden sie auch von ihnen benutzt.

Die Zeit heilt alle Wunden - ja auch meine Wunde in der Seele ist ein Stück geheilt, durch das Loslassen meines Jungen, und dass mein Junge einen Platz in meinem Herzen besetzen konnte.

Es war Gottes Wille. Ich weiß bis heute nicht, warum Gott mir die Bürde aufgetragen hat. Der Zugang zu Gott ist mir in der Trauer verloren gegangen, meine Gefühle und Gedanken zu Gott sind eher Wut und Zorn: warum ich?

Du musst jetzt stark sein. Ja, das stimmt wohl, diese Stärke braucht man für die Liebsten in seinem Umfeld. Die haben nur einen Wusch - dass es einem besser geht.

Denke mal wieder an etwas Schönes. Der Gedanke an schöne Dinge, er lenkt ab und vertreibt für kurze Zeit die dunklen Gedanken. Umso mehr schöne Gedanken zugelassen werden, umso mehr freudige Gedanken kommen auf.

Es muss weitergehen. Ja, das Leben dreht sich weiter, nicht nur für andere, es drehte sich auch für mich weiter. Als ich wieder Struktur in mein Leben brachte, begann für mich wieder ein geregelter Alltag.

ICH UND MEINE ÄNGSTE

Was sind Ängste und warum begleiten sie einen auf dem Lebensweg?

Beim Schreiben dieser Seiten bin ich oft meinen Ängsten begegnet, und meine Gedanken trifteten oft in meine Kindheit und Jugend ab.

Meine Kindheit war nicht so leicht, ich wuchs als mittleres von drei Kindern auf. Mein Vater war Alkoholiker, und meine Mutter war der ausgleichende Pol, ihr war es sehr wichtig, trotz der schwierigen Situation uns Kinder zu anständigen Menschen zu erziehen. Es war ihr auch wichtig, dass wir alle einen beruflichen Weg finden, was ihr auch gelungen ist.

Ich habe als Kind sehr oft mitbekommen, wenn mein Vater im Suff meine Mutter geschlagen hat, die Angst, er würde sie totschlagen, begleitete meine Kindheit. Die Wochentage verliefen meist ruhig, wir waren fast eine normale Familie. Die Wochenenden waren mit Angst verbunden, mittlerweile wussten wir, wenn unser Vater frei hatte, ging er in die Kneipe.

Der Ablauf war fast immer der gleiche, er kam am späten Abend betrunken nach Hause, suchte unsere Mutter und wollte sie verprügeln. Der Anlass für seine Ausbrüche war für uns Kinder nicht nachvollziehbar, wir wussten nur, wenn er betrunken war, durften wir ihn nicht verärgern.

Ich wurde oft Zeuge der Übergriffe, und so entwickelte ich eine Strategie, wenn mein Vater betrunken nach Hause kam, versteckte ich meine Mutter im Kleiderschrank und versuchte, meinen Vater zu beruhigen - und so wurde ich zum Vermittler der beiden. Wir Kinder bekamen somit auch eine unbewusste Verantwortung aufgebürdet, unsere Mutter zu beschützen. Wir Kinder wurden nicht geschlagen, die Prügel bekam immer meine Mutter.

Die Demütigungen und Misshandlungen an unserer Mutter traumatisierten meinen jüngeren Bruder, er kam nicht gut damit zurecht, dass er seiner Mama nicht helfen konnte. Er war zu klein, er hatte überhaupt keine Chance. Ich sprach viel mit meinem Bruder darüber, und gleichzeitig versuchte ich, ihm die Wut auf unseren Vater zu nehmen.

Kleine Jungen haben einen Beschützer-Instinkt, und dieser war bei meinem Bruder stark ausgeprägt. Mein Bruder hatte kein gutes Selbstbewusstsein entwickelt und fing später an zu trinken, auch in der Zeit, wo er Suizid-Gedanken hatte, war ich für ihn da. Er schaffte es und bekam sein Leben in den Griff. Er heiratete und gründete eine Familie. Mein Bruder starb mit 41 Jahren an einer Krankheit.

Ich befand mich oft in einem Loyalitätskonflikt, ich war so hin und her gerissen zwischen meinen Eltern. Auf der einen Seite mein Vater, der Unrecht tat, und auf der anderen Seite meine Mutter, die sich immer wieder der Gewalt unterwarf und sie immer den Kürzeren dabei zog. Als Kind habe ich das nicht verstanden, ich glaubte immer, Mama könnte doch einfach ausziehen. Das tat sie nicht, für sie galt: in guten wie in schlechten Tagen - sie war sehr gläubig. In meiner kindlichen Vorstellung betete ich zu Gott und bat ihn, dass er meiner Mama die Kraft gäbe auszuziehen oder dass mein Vater im Suff tot umfiel.

Ich hatte als Kind viel gebetet, aber Gott hörte mir nicht zu, das war auch gut so, man stelle sich nur einmal vor, mein Vater wäre gestorben und ich hätte mit diesen Schuldgefühlen leben müssen. Als Kind wäre ich sicher damit überfordert gewesen. Ich habe meine Mutter geliebt, das Kuriose war, das ich auch meinen Vater liebte. Als ich in der Pubertät war, schaffte es meine Mutter mit unserer Unterstützung, sich ein Attest vom Arzt zu holen, dass sie geschlagen wurde. Mit diesem Attest wurde mein Vater nun unter Druck gesetzt, unser Leben verlief nun entspannter, auch das meiner Mutter, sie wurde nicht mehr geschlagen.

Ich schreibe hier nicht alle meine gelebten Erinnerungen auf, das würde den Rahmen sprengen. Aber eins ist mir noch wichtig aufzuschreiben, meine unterschiedlichen Gefühle, die ich gegenüber meinem Vater hatte. Ich habe meinen Vater gehasst - wenn er im Suff war, wie er war -, ich habe mich für ihn geschämt, wenn er betrunken die Straßen entlangtorkelte, ich war wütend auf ihn, weil ich die Tochter eines Alkoholikers war, und trotzdem liebte ich ihn. Es war alles nicht so leicht, mein Vater war wohl in seiner Sucht gefangen, im nüchternen Zustand bereute er seine Taten und weinte.

Nach meiner Ausbildung lernte ich meinen Mann kennen, wir heirateten und bekamen drei Jungs. Wir sind mit unseren Kindern zweimal umgezogen: vom Rheinland in den Schwarzwald (das hatte berufliche Gründe) und wieder zurück ins Rheinland.

Für unsere Kinder war es nicht immer leicht, dass sie ihr gewohntes Umfeld und ihre geliebten Rituale aufgeben mussten.

Richtig verstanden haben die Jungs unsere Entscheidung nicht wirklich, so weit von Freunden und Nachbarn und Familie wegzuziehen. Nach anfänglichen Schwierigkeiten lebten wir uns ein.

Wir lebten 13 Jahre im Schwarzwald, in dieser Zeit wurde auch unser jüngster Sohn geboren. Wir haben alle mit Spannung auf ihn gewartet, und das neue Familienmitglied wurde von allen geliebt.

Bei all den Unternehmungen an den Wochenenden, Spaziergängen, Ausflügen, kleinen Urlauben, war er stets gut gelaunt und fröhlich. Eben ein Sonnenschein. Für mich war das einer der schönsten Lebensabschnitte.

Der zweite Umzug - zurück ins Rheinland, unsere Kinder waren schon älter - gestaltete sich nicht so einfach. Wir gaben ihnen die Zeit, im neuen Zuhause anzukommen. Unser Daniel war im Schwarzwald geboren, und dort hatte er sich wohl gefühlt, für ihn wurde der Umzug zu einer Belastung. In all den Jahren habe ich viele Familienmitglieder verloren, meinen Vater, meinen Bruder und meine Mutter. Ich wäre gerne im Schwarzwald geblieben!

Ich sehnte mich oft nach dem strukturierten Leben im Schwarzwald.

Die Sorgen um unseren damals 10-jährigen Sohn nahmen kein Ende, er kam in der neuen Umgebung und in der neuen Schule nicht gut zurecht, auch er hatte Heimweh nach dem Schwarzwald.

In der Pubertät wurden wir mit dem Thema *Borderline* konfrontiert, und einige Zeit später mussten wir uns mit dem Thema *Depressionen* auseinandersetzen. Es wurde ein langer Weg mit vielen Höhen und Tiefen.

Wir waren für ihn da und sehr damit beschäftigt, seine Sorgen und Nöte zu verstehen. Es war ein langer Weg, um den richtigen Psychotherapeuten zu finden und dann auch zu wissen, dass die Chemie zwischen den beiden stimmte. Mich beschlich häufig ein leises Gefühl, dass mein Sohn die therapeutische Hilfe nicht so recht annehmen wollte.

Ich möchte das Leben mit Daniel nicht schönreden, das Leben mit meinem Sohn war nicht immer einfach. Ihn mit seinen Depressionen zu verstehen und zu begleiten war nicht immer leicht. Seine Gefühlsschwankungen und seine Lustlosigkeit haben uns oft verunsichert, in diesen Phasen kam die Angst noch dazu, er könnte sich was antun. Was uns als Familienmitglieder auch zu schaffen machte, war, dass er unsere Hilfe nicht immer angenommen und uns auch zurückgestoßen hat. Mit dieser Verhaltensweise mussten wir lernen umzugehen.

In dieser seiner Lebensphase beschäftigte er sich mit beruflichen Fragen: Was soll ich beruflich mal werden? Warum muss ich einen Beruf lernen, damit die Familie und Eltern dann stolz auf einen sind, oder weil das in unserer Gesellschaft so erwartet wird? Warum ist man auf der Welt? Wo bleibt der Mensch, wenn man ständig malocht? Wo bleibe ich, wenn ich den Weg nicht schaffe?

Für meinen Sohn wurden es unlösbare Aufgaben, sein beruflicher Weg war mit vielen Höhen und Tiefen gepflastert. Hier immer die richtigen Worte zu finden und gleichzeitig Rücksicht auf seine Depressionen zu nehmen war nicht einfach. Wir schafften es nicht wirklich, unseren Sohn auf einen richtigen Weg zu bringen - wir hätten als Eltern wohl Hilfe gebraucht.

Was uns Eltern auch oft durcheinanderbrachte, waren die gut gemeinten Ratschläge der Freunde und Familie: *Der muss sich mal am Riemen halten! Der ist nur faul! Der nutzt euch nur aus! Der liegt euch auf der Tasche! Ihr seid zu gutmütig!*
Diese Sätze machten uns noch unsicherer in unserem Handeln und Tun.

Wir änderten unsere Einstellung nicht, wir blieben geduldig und nachsichtig. Im Hinterkopf immer die Angst, er könnte sich was antun.

Nach 30 Jahren Ehe sind wir gescheitert, wir haben uns getrennt. Mit der Trennung und dem dazugehörigen Auszug aus dem Haus begann für mich und die Kinder ein neuer Abschnitt.

Es ist wie es ist, ich zog aus und gehörte nicht mehr richtig zur Familie, ich wurde zum Besucher im gemeinsamen Haus. Mein soziales Leben veränderte sich, unseren gemeinsamen Freundeskreis gab es nicht mehr. Wir gehörten als Paar nicht mehr dazu, uns gab es nur noch einzeln. Ich war nicht mehr die Ehefrau von …, ich gehörte nicht mehr zu seiner Familie.

NICHTS IST FÜR DIE EWIGKEIT

Eine Partnerschaft zerbricht nur dann, wenn sie nicht mehr gut ist.

Mein gelebtes Leben gab es nicht mehr, das führte dazu, dass eine andere Beziehung zu meinen Kindern entstand. Wir verabredeten uns, telefonierten miteinander und waren nun in WhatsApp in Kontakt. Unsere Spaziergänge mit Hund Paula habe ich mit Daniel weiterhin gepflegt.

Heute denke ich, dass die Trennung und die Scheidung Daniels Situation nicht verbesserte. Dazu kam, das sich meine Kinder oft hin und her gerissen fühlten, die unterschiedlichen Aussagen und Wahrnehmungen ihrer Eltern, was die Scheidung betraf, war für sie nicht leicht.

Ich hätte meinen jüngsten Sohn bei meinem Auszug gerne mitgenommen, ich konnte mir keine Drei-Zimmer-Wohnung leisten. So blieb er im Haus bei seinem Vater, ich wusste ihn aber immer gut aufgehoben. Das hat mir meine Entscheidung leichter gemacht.

Heute weiß ich, wenn mein Sohn mitgekommen wäre und wir weiterhin unsere tägliche Nähe gelebt hätten, ich hätte den Suizid meines Sohnes nicht überlebt.

Vielleicht sollte es so sein, wie es gekommen ist, vielleicht war es Gottes Weg.

Ob vorhergesehen oder nicht, unser Leben veränderte sich, ich sah meinen Sohn nicht mehr täglich, und das führte dazu, dass ich seine Gefühlsschwankungen und seine Depressionen nicht mehr so hautnah mitbekam. Nach jahrelangem Ringen zwischen Hoffen und Bangen fühlte ich mich nicht mehr so kraftlos. Es hört sich hart an, aber beim Auszug hat sich meine Gefühlswelt verändert, ich habe Erleichterung und Entspannung gespürt.

Der Verliebtheitszustand (ich hatte mich verliebt) sorgte auch dafür, dass mein Leben wieder sorgenfreier wurde. Es war ein schönes Gefühl, wieder geliebt und begehrt zu werden. Verliebtheit brauche ich nicht zu beschreiben, dieses Gefühl kennt wohl jeder, Schmetterlinge im Bauch zu haben und auf Wolke sieben zu schweben.

Hier ahnte ich noch nicht, dass ich einmal an der Ostsee wohnen werde.

Mein heutiger Partner hatte immer den Wusch, seinen Lebensabend an der Ostsee zu verbringen, und so verbrachten wir, bis es so weit sein würde, viele Urlaube in Schleswig- Holstein.

Und so kam es dann auch zu einem zweiten Abschied von meinen Kindern (so nenne ich unsere Entfernung), als ich an die Ostsee gezogen bin. Ich kann mich noch an die Worte meines jüngsten Sohnes erinnern. *Mama, mach das, du hast auch ein Recht auf dein eigenes Leben, ich werde dich besuchen kommen, und du weißt ja, dass ich eines Tages in Hamburg leben möchte.* In Hamburg lebte seine Exfreundin, es war seine große Liebe.

Ich klammerte mich an den Gedanken, dass er bald in meiner Nähe wohnen würde, und dieser Gedanke wurde zum Trostpflaster. Trotz alledem war es keine leichte Entscheidung, ich liebte meinen Partner - und ich liebte meine Kinder.

Der Kontakt zu meinen Kindern veränderte sich noch einmal, spontane Besuche gab es nicht mehr, wir schrieben uns …, wir telefonierten und waren vermehrt auf der Plattform unterwegs. Es entstand eine andere, neue Verbindung.

In der schwersten Zeit meines Lebens fanden wir nach einem Jahr Suche eine größere Wohnung.

Die neue Wohnung wurde für mich zu einem Therapieplatz, meine Tage bekamen eine Aufgabe. Das Renovieren, das Streichen der Wände, das Alleinsein, die Stille und die monotone Arbeit taten mir gut.

Es waren auch Tage dabei, die körperlich sehr anstrengend waren, ich fand ganz, aber langsam in meinen Alltag zurück.

Mein Sohn bekam in Form eines Bildes den schönsten Platz in der neuen Wohnung. Wir fühlen uns wohl in unserem neuen Zuhause, auch diese Wohnung wurde zu meiner Schutzhöhle.

Verstehen kann man das Leben rückwärts; leben muss man es aber vorwärts.

DIE DROGEN

Ein Abhängiger nimmt Substanzen (Drogen, Rauschmittel), um sich durch diese Wirkung in einen anderen Bewusstseinszustand zu versetzen.

Die Wahrnehmung, wenn man unter Drogen steht, sowie die Bewertung der eigenen Person und der Umwelt verändern sich. Sorgen und Probleme können gelassener wahrgenommen werden. Der Drogenabhängige ist nicht mehr in der Lage sein Handeln und Tun realistisch zu beurteilen.

Drogen sind nicht das Problem, sondern die Probleme!

Ich habe zehn Monate gebraucht, mir sein Drogen-Video-Tagebuch anzusehen. Diese Aufnahmen nennt mein Sohn *Ups and Downs.* Sie beschreiben seinen Drogenweg und seinen eigenen Kampf, mit und ohne Drogen zu Leben.

Dieses Video-Tagebuch ist von ihm akribisch aufgenommen und über fünf Jahre geführt worden. Ich habe mir seine Videos angeschaut, dieser Weg war auch sehr emotional und schmerzhaft.

Mein innerer Drang, um mehr über sein letztes Lebensjahr mit Drogen zu erfahren, war einfach zu stark. Ich musste mir alles ansehen. Ich wollte es verstehen, ich wollte es begreifen, und ich wollte ihn besser verstehen. Ich wollte wissen, was ihn an den Drogen so faszinierte.

In den ersten Videos beschreibt er, wie er die Zeit mit seiner Freundin in der ersten eigenen Wohnung verbrachte. Sie waren glücklich verliebt. In dieser Zeit kifften beide.

Es kam zur Trennung, seine Liebe ging nach Hamburg. Der Zustand nach der Trennung: Liebeskummer und noch mehr Kiffen. In seinem Kopf drehte sich alles nur noch ums Kiffen. Die Nebenwirkungen nach einem Rausch wurden zur Nebensache.

Die Zeit nach der Trennung war für ihn der reinste Horror-Trip. Auf der einen Seite sorgte das Kiffen dafür, dass er den Kummer um seine Liebe überlebte, auf der anderen Seite wurde er süchtig nach dem Zeug. Daniel fühlte sich einsam, verlassen und war mit sich und seinem Leben unzufrieden.

Er bekam die Chance, eine dreijährige psychische begleitende Ausbildung zu machen. Hier wurden die Jugendlichen regelmäßig auf Drogen getestet. Daniel kiffte die ersten Jahre nicht, er überstand die Zeit mit Alkohol und Tabletten. Erst am Ende der Ausbildung fing er wieder mit leichten Substanzen an.

Er war zweieinhalb Jahre clean.

In diesen drei Jahren glaubte ich fest daran, dass er seinen Weg schaffte. Ich glaubte doch tatsächlich, die kriegen ihn dort wieder hin. Was auch sehr positiv war, er hatte sich wieder verliebt, er wirkte glücklich und zufrieden. Das war wohl nur ein Wunschdenken und es war wahrscheinlich auch sehr naiv von mir, so zu denken.

Für ihn gab es nicht wirklich einen neuen Lebensabschnitt ohne Drogen. Im Kopf war er wieder auf der Suche nach dem Kick. Das Abtriften in eine andere Welt und der Rausch faszinierten ihn, er gab sich nach der Ausbildung selber den Freifahrtsschein zum Konsumieren. Das Kiffen gab ihm eine Entspannung und eine Erleichterung im Kopf. Gleichzeitig wusste er, das Kiffen seine Probleme und Sorgen nur überdeckte.

Der Rauschzustand verlieh ihm das Gefühl, keine Sorgen und Probleme mehr zu haben, und gleichzeitig wurden die Drogen selbst zum Problem.

In den Videos sah ich, wie er über Heroin sprach und über das starke Verlangen, Heroin auszuprobieren. Ich sah und hörte, wie er es wissen wollte, in diesem Rausch zu versinken. Ich sah, wie er sich im Konsum verloren und gleichzeitig eine innere Ruhe gefunden hatte.

Ich sah, wie er mit Substanzen Heroin, Kokain oder Cannabis experimentierte. Ich sah, wie er sich die Nadel setzte und sich auf den Rausch freute. Ich sah, wie er sich in der Sucht verloren hatte und psychisch wie körperlich abhängig wurde. Er beschreibt in einer Situation, wie er versuchte, ohne Drogen auszukommen.

Er spricht über seine Entzugserscheinungen, über seine innere Unruhe, über seine Gliederschmerzen, seine Magenkrämpfe, seinen Brechreiz und seine Kreislaufstörungen.

Warum kriege ich das nicht gebacken? Warum bin ich so ein Loser? Warum habe ich meine Beziehung nicht halten können? Warum habe ich den Drang immer wieder nach Drogen?

Für ihn war es ein Dilemma, zu wissen, dass er ein Leben ohne Drogen nicht meistern konnte. Er hatte nicht die Kraft, sich dem irdischen Leben zu stellen. Auf der einen Seite sehnte er sich nach einer Arbeit, nach einer eigenen Wohnung und nach einer lieben Frau, aber gleichzeitig stellte er alles in Frage: *Ich bin zu sensibel für diese Welt - entweder lande ich auf der Straße oder werfe mich vor den Zug.*

Daniel war einsam, er hatte kaum Freunde (Drogen-Freunde ja) keine Arbeit, kein Geld, und somit gab es für ihn keine Zukunft. Und immer wieder die Zerrissenheit und seine Todessehnsucht. Er fühlte sich als Versager, er schaffte es nicht, mit seinem Drogenkonsum aufzu-

hören. Keine Partnerin, kein Job, kein Führerschein.

Der Drogenweg hatte viele Auf und Abs. Mit Drogen wollte er raus aus der Realität, raus aus unserem System, das Leben nervte ihn. Seine Sucht hatte gewonnen, im Rausch empfand er Entspannung und eine innere Zufriedenheit, die er im realen Leben nicht fand. Wenn er sich im Rausch der Sinne verloren hatte, ging es ihm gut, er wurde abhängig.

Mein Sohn war weder willensschwach, charakterschwach noch lieblos sich selber gegenüber. Aber er schaffte es nicht, Verantwortung für sich selbst zu übernehmen.

Mir war nicht bewusst, dass das Thema *Drogen* so gravierend war. Dass er Drogen nahm, hatte er in seiner Familie verheimlicht.

Eine der vielen Ton-Bild-Aufnahmen an sich selber: *Hey, Alter, du bist nicht in Drogen abgerutscht, nein, du hast es dir selber ausgesucht. Du wolltest es wissen, immer wieder, wie es ist, Heroin zu nehmen. Du bist immer auf der Suche nach der inneren Ruhe, nach der Leichtigkeit, die du im Rausch findest. Also meckere nicht und schaue dir die Aufnahmen an, diese Aufnahmen hast du auch für dich gemacht. Du wolltest dich doch immer daran erinnern, wie scheiße es dir nach dem Rausch geht. Schau, wo du gelandet bist, und schau genau hin, was aus dir geworden ist: ein Junkie.*

Wenn Mama das wüsste, was hier bei mir abgeht, die würde aus allen Wolken fallen.

Meine Gedanken dazu waren nur: *Schade, dass wir ihm nicht zeigen konnten, wie schön das Leben sein kann.*

Das Leben ist ein wertvolles Geschenk, nutze die Zeit, und verschwende sie nicht, keine Sekunde ist wiederholbar, achte auf deine Gedanken und Worte, lerne, so viel du kannst und verbringe auch Zeit allein, liebe mit dem Herzen und vergib denen, die dich kränkten.

Auf der Suche nach Hilfsangeboten und Unterstützung bin ich auf viele unterschiedliche Angebote und Literatur gestoßen.

Auf der Suche nach Hilfe und Unterstützung, um meinen Trauerweg zu gehen, habe ich viel über Depressionen, Drogen und Suizid gelesen. Ich machte mich auf die Suche, Antworten zu finden, es war nicht immer einfach und auch nicht immer nachvollziehbar, Suizid zu verstehen, den zu begreifen und zu akzeptieren. Es ist sehr schwer, sich mit diesem Thema auseinanderzusetzen, weil es das Schlimmste ist, was einem im Leben passieren kann, und hier ist es egal, wie das eigene Kind entschließt, sein Leben zu beenden. Die ewigen Vorwürfe, hätte man es verhindern können, hätte man besser aufgepasst, hörten nicht auf in meinem Kopf zu kreisen. Trotz der schmerzhaften Trauer und der leisen Wut in mir habe ich immer versucht, meinen Sohn und seinen Suizid mit Würde und Wertschätzung zu begegnen.

Ich wollte meinen Sohn mit seiner Depression besser verstehen, ich wollte über die Zerrissenheit, die ein Mensch hat, wenn er depressiv ist, mehr erfahren. Mir war es wichtig zu erfahren, was geht in einem suizidalen Kopf umher, welche Gedanken haben sie, was bewegt sie dazu, sein Leben so auszulöschen. Welchen Einfluss haben Drogen bei Suizid, beim Lesen wurde mir klar, sie haben Einfluss auf Selbstmordgedanken.

Es gibt Hilfe, man muss sie nur suchen, wenn man selber nicht in der Lage ist, können das Angehörige für einen übernehmen. Es gibt viele Anlaufstellen zur Trauerbegleitung und Selbsthilfegruppen.

Auf der Suche nach Hilfe wird man feststellen, dass man mit dem Thema *Suizid* nicht alleine auf der Welt ist und dass man das Erlebnis mit anderen Betroffenen teilen kann.

Die im Qellennachweis aufgeführten Bücher und Hinweise haben mir geholfen, Suizid, Trauer, Depressionen und Schuldgefühle besser zu verstehen.

Bei meinen ersten Schritten der Trauerbewältigung half mir eine Trauerhelferin. Durch Achtsamkeitsübungen versuchte ich bezüglich der Trauer, meiner Arbeit sowie meines Privatleben einen eigenen Platz zu geben, um wieder präsenter und konzentrierter meinen Alltag gestalten zu können.

Achtsamkeit hieß für mich, mein Leben, meine Emotionen, meine Gefühle, die in mir waren und außerhalb von mir, besser wahrzunehmen. Ich ging lange Zeit eher unachtsam durch den Tag, mein altgedientes Denk- und Handelsmuster lief automatisch ab. Mein Trauerweg und mit dem Versuch, einen achtsamen Weg zu gehen, war erst einmal sehr schmerzhaft.

Lange Zeit funktionierte ich ja nur noch, da war kein Platz, achtsam zu sein, ich nahm mich und meine Umgebung bewusst nicht mehr wahr. Es ist nicht leicht, wieder offen und neugierig durchs Leben zu schreiten. All die Trauergefühle, Schuldgefühle und die dunklen Gedanken lähmten mich.

Mit kleinen Schritten machte ich mich auf den Weg, Achtsamkeit in meinen Alltag einzubeziehen. Zuerst nahm ich an den Gedanken und Gefühlen meines Partners und meiner Kindern teil. Bei Spaziergängen nahm ich nun meine Sinne wieder mit. Es war schön, die blühende Natur mit offenen Augen zu sehen, es tat mir gut, den Wind im Gesicht zu spüren, und es war spannend, das Rauschen des Meeres wieder zu hören. Nach und nach rückten schöne Momente in mein Leben zurück.

Ich lernte, eine Balance zwischen meiner Trauer und meinem gelebten Leben zu finden. Mir gelang es, einen Raum zu schaffen zwischen den Zeiten (die Zeit vor dem Suizid und die Zeit nach dem Suizid).

Die Schicksale eines jeden in meiner Selbsthilfegruppe waren sehr unterschiedlich, und somit hatte jeder seinen eigenen, individuellen Trauerweg. Jeder in dieser Gesprächsrunde wusste, was es heißt, ein geliebtes Kind zu verlieren, ich musste mich nicht erklären, ich fühlte mich verstanden. Es half mir auch, dass ich mein hartes Urteil über mich selber durch die Geschichten der anderen relativieren konnte.

Dieser geschützte Rahmen gab mir Sicherheit und ein Gefühl des Verstandenwerdens. Hier konnte ich von meinen Schuldgefühlen und meiner inneren Zerrissenheit erzählen.

Wir konnten über unsere Gefühle, die wir bisher noch nie erlebt hatten, offen sprechen, über unsere Niedergeschlagenheit, über unsere Wehmut, über die Bestürzung und den Ärger, der ein Trauerfall mit sich bringt. Über die Schwierigkeit, die Realität des Todes zu akzeptieren, dass sich alles verändert, dass die Zukunft, die man sich einmal vorgestellt hat, nicht mehr gibt.

Wir alle - die Trauernden - müssen unser Leben neu gestalten, ohne das, was wir verloren haben. Am Anfang denkt man, unser Leben würde niemals leichter werden. In unserer Gruppe gab es Trauernde, deren Verlust ihres Kindes schon ein Jahr zurücklag, ihre Erzählungen gaben mir Kraft.

Wir hörten, dass die Trauer und unser eigenes neues Leben leichter werden …

Trauer ist keine Krankheit und auch keine soziale Störung, dieser Trauerzustand ist uns aufgebürdet worden, und nun müssen wir damit weiterleben.

Die Gruppentreffen wurden mit der Zeit zu einem liebevollen und wertvollen Termin. Das Sprechen über die Erlebnisse, über die Gedanken, die Wünsche, die Träume halfen mir ungemein. Ich war nicht verrückt – nein, ich trauerte nur.

Ein Trauerstern für die Selbsthilfegruppe:

ZURÜCK INS LEBEN

Mein Weg war schmerzhaft und traurig, und nun war es mein Wunsch, mit der Reha wieder ein Stück mehr die Alte zu werden. Es gab so viele Tage, wo ich einfach nur froh war, dass sie vorbei waren, diese ständige Traurigkeit, das Versinken in den Gedanken, die mich so oft lähmten. Ich befand mich oft in einer Warteschleife und ich wartete darauf, dass der Albtraum ein Ende nimmt. Und das wollte ich nicht mehr, ich wollte wieder ein Stück meines alten Lebens zurückgewinnen.

So wurde die Reha zu einem Hoffnungsschimmer - die Menschen dort werden mich wieder richten. Also wartete ich auf den Termin, irgendetwas in meinem Inneren sagte mir, dort findest du auch Antworten auf einige Fragen. Ich fing an, mich auf die Reha zu freuen, obwohl ich dann meine Trauerwände, meine Schutzhöhle, die mir lange Zeit Sicherheit gegeben hatte, verlassen musste.

Es kommt im Leben immer anders, als man denkt, und so kam es dann auch, mein Reha-Termin sollte erst im April 2019 sein.

Wir hatten Ende November 2018, ich brauchte jetzt Unterstützung und nicht erst im April. Ich hatte so gehofft, dass die Reha mir bald zu einem Trauerabschluss hilft.

Mein Partner sah das auch so und versuchte nun, dass es doch eine andere Möglichkeit gab, dass es einen früheren Termin gab, egal wo, nur früher. Und so machte sich mein Partner auf die Suche, er führte zig Telefonate und schaffte es, dass ich Anfang März einen Termin in einer anderen Reha-Klinik - mit Trauerbegleitung - bekam.

Die Wartezeit verbrachte ich nun damit, mich um meinen Rücken und um meinen Magen zu kümmern. Mit Hilfe einer Physiotherapie sagte ich meinen Rückenschmerzen den Kampf an.

Ich versuchte immer wieder, einen geregelten Tagesablauf zu leben, es fiel mir schwer, dem faulen und trägen Lebensstil, der sich bei mir eingeschlichen hatte, zu begegnen. Es war sehr anstrengend, immer wieder gegen den inneren Schweinehund (die Trägheit) anzukämpfen. Rückschläge inklusive.

Das Leben geht weiter, und ich alleine bin dafür verantwortlich, meinen Weg wiederzufinden.

Mit der Reha (Trauerverarbeitung) wollte ich das Chaos in meinem Kopf (die dunklen Gefühle) geordnet bekommen. Meine Reha dauerte sechs Wochen in Bad Segeberg.

Der Tag kam, ich musste meine Schutzhöhle verlassen und wurde in eine psychologische Reha geschubst. Die ersten zwei Tage hatte ich das Gefühl des Verlassenseins - weg von zu Hause, weg vom Partner.

Am ersten Tag erhielt ich nach der Begrüßung einen Überblick über die Abläufe des Hauses und über die Räumlichkeiten. Mein Gefühl des Verlassenseins legte sich sehr schnell, ich hatte eine nette Tischgemeinschaft gefunden. Wir wurden gute Reha-Freunde, wir unterstützten uns in unseren unterschiedlichen Krankheitsbildern, wir hörten uns zu und wir lachten zusammen. Wir taten uns einfach nur gut …, trotz Reha - und das war gut so.

Mein erstes Einzelgespräch war sehr emotional, ich musste wieder einer fremden Person von meinem Sohn erzählen.

Ich begegnete wieder der Endgültigkeit, dass mein Sohn nicht mehr wiederkommt. Nach und nach öffnete ich meinen emotionalen Rucksack. In der zweiten Woche fiel ich in ein tiefes Loch, meine Gefühle fuhren Achterbahn. Freud und Leid lagen nun so eng beieinander. Ich hatte das Gefühl, wieder am Anfang meiner Trauer zu stehen. Ich fing an, mich wieder selber zu verletzen, und gleichzeitig war ich wütend auf mich selber, dass ich kein anderes Ventil für mein Gefühlschaos gefunden hatte. Ich hatte nicht damit gerechnet, dass ich in meiner Trauerverarbeitung so zurückfalle. Ich war überfordert und mit mir unzufrieden. Mit meiner Therapeutin arbeitete ich an den dunklen Gefühlen, die wieder überhandnahmen und warum sie in dieser Intensität derart ausgebrochen waren.

Der Schmerz kommt …, der Schmerz geht. Die Freude kommt zurück …, die Freude geht Das Lachen kommt zurück …, das Lachen geht.

Dieses Auf und Ab der Gefühle, die nicht nur mit Trauer, sondern auch mit immer wiederkehrenden Freudegefühlen zu tun hatten, waren mir fremd.

Die Freudegefühle waren lange Zeit von der Trauer überlagert. Ich konnte wieder Lachen, es ist einfach aus mir herausgeplatzt, es war nicht das bemühte Lächeln, nein, diesmal kam es aus tiefstem Herzen.

Ich gab den neuen Gefühlen Zeit, ich wollte kein schlechtes Gewissen mehr haben, wenn mir nach Lachen zumute war. Meine Therapeutin machte mir bewusst, dass im Leben positive und negative Emotionen dazugehören und dass sie ihre Berechtigung haben. Ich habe meinen Sohn losgelassen, er hat nun einen festen Platz in meinem Herzen.

In der Reha war das Motto *aktive Patienten, Sport und Psyche* im Einklang.

Das Zusammenspiel zwischen Sport und Psyche, diese Wechselwirkungen der verschiedenen Angebote taten mir gut. Ich kann nicht genau sagen, warum, ich glaube, es war die Mischung aus allem.

Vielleicht lag es auch daran, dass ich bereit und motiviert war, bereit und offen für alles, ich wollte in meiner Trauer weiterkommen. Ich suchte mir unterschiedliche Angebote aus. Ich werde hier nur auf einige gezielter eingehen. Zum Beispiel: die Gruppentherapie. Der Austausch über unsere Erfahrungen, die gegenseitige Hilfestellungen und die gegenseitige Motivation stärkt. Man ist mit seinem Problem nicht alleine. Wir saßen alle im gleichen Boot …, im Boot der Trauer.
Mit Hilfe der Therapeutin lernten wir, uns zu öffnen oder auch mal zurückzunehmen. Zu-

rücknehmen heißt in diesem Fall, einem Teilnehmer, der mal mehr Raum für sich brauchte, ihm auch zu geben.

Aqua Fit und Schwimmen gehörten ebenfalls zum Programm.

Ich bewege mich gerne im Wasser, deshalb habe ich mich für dieses Angebot entschieden, ich wollte meinen Körper wieder stärken und die Lebensfreude im Wasser wiederfinden. Das Schwimmen gab mir die Möglichkeit, eine Auszeit vom Trauern zu nehmen. Mein Körper konnte aus der Trauer- Situation fliehen und gleichzeitig Stresshormone loswerden. Ich war viermal in der Woche im Wasser.

Ich setzte mir kleine Ziele, jedes Mal sollten zwei Bahnen dazukommen. Am Ende der Reha hatte ich 30 Bahnen geschafft! Für mich war das eine Leistung. Eine Bahn hatte 25 Meter. Glücksgefühle und ein Lächeln in meinem Gesicht waren die Belohnung.

Bewege deinen Körper, und man bewegt die Seele!

Ich nahm teil an der Ergotherapie. Hier entschied ich mich für ein kreatives Angebot, Papier und Pappe. Das handliche und konzentrierte Gestalten half mir innerlich, ruhiger zu werden, und gleichzeitig konnte ich meine Gefühle ausdrücken. Durch die unterschiedlichen Materialien, die Formen und Farben wurde meine Fantasie angeregt. Ich erstellte einen Bilderrahmen für meinen Sohn und aus einem alten Buch ein Andenken an ihn.

Angeboten wurde auch eine Tanztherapie. Am Anfang stand ich dem Angebot etwas skeptisch gegenüber, ich wusste ja nicht, was auf mich zukommt. Schon nach der ersten Stunde wusste ich, wie befreiend Tanzen sein kann. Meine Bewegungen kamen aus mir heraus, ich tanzte meine Emotionen nach außen. Diese körperlichen Bewegungen halfen mir, meine gedanklichen Belastungen zu verarbeiten. Ich schaffte es, meine Gefühle ohne Worte auszudrücken und meinen Körper wieder wahrzunehmen. Ich empfand wieder Freude, und gleichzeitig versöhnte ich mich mit meinem Körper, den ich so lange vernachlässigt hatte. Nach einer Stunde fühlte ich mich viel gelassener und leichter. Es stellte sich eine innere Ruhe ein. Ich freute mich sehr auf dieses Angebot, es fand einmal die Woche statt.

Die Unterstützung in der Reha und mit dem strukturierten Tagesablauf gab mir den Raum, um aufzutanken. Was mir auch sehr guttat, waren meine zwei neuen Reha-Freundinnen aus der Tischrunde. Gemeinsam entdeckten wir unsere Umgebung, wir machten Spaziergänge am See, wir gingen ins Kaffee, wir bummelten durch die Stadt, und wir schmiedeten Pläne für die Zukunft. Wir waren uns einig, wir wollten diese Freundschaft aufrechterhalten.

Das größte Leid ist mit Freunden erträglicher. Die größte Freude mit Freunden noch schöner.

Ich begann meine psychische Reha (Schwerpunkt Trauer) gegen Ende der dritten Trauerphase und Anfang der letzten Trauerphase. Für mich war es der richtige Zeitpunkt. Nicht zu früh und nicht zu spät.

LITERATUR/QUELLEN

Das Internet:

Die Internetplattform Freunde fürs Leben gibt Hilfestellung bei drohendem Suizid.
Die AGUS ist eine bundesweite Selbsthilfeorganisation für Trauernde, die einen nahestehenden Menschen durch Suizid verloren haben.

Deutsche Gesellschaft für Suizidprävention Kinder

Auf Schmetterlingsflügeln - Familienhospizarbeit

Arbeitskreis Leben (AKL)

Lebensweisheiten & FORM=IGRE

Zitate über das Leben - zum Nachdenken, z. B. Pinterest

Die besten Sprüche, Bilder und Lebensweisheiten

Bücher die mir geholfen haben

Warum nur? Trost und Hilfe für Suizid-Hinterbliebene
von Freya v. Stülpnagel

Ich konnte nichts für dich tun
Trauern und Weiterleben nach einem Verlust durch einen Suizid
von Eva Terhorst

Suizid - Das Trauma der Hinterbliebenen
Erfahrungen und Auswege
von Manfred Otzelberger

MAMA; ROMAN HAT ES NICHT GESCHAFFT - DIE ZEIT MEINES EIGENEN ÜBERLEBENS NACH DEM SUIZID MEINES SOHNES
von Karin Karczewski

Warum wir hier sind
von Elisabeth Kübler-Ross

Interviews mit Sterbenden
von Elisabeth Kübler-Ross

Der Junge muss an die frische Luft.
von Kerkeling, Hape (2014):
Gesundheit Vitalität & Lebensfreude
(Saftkur)

Trauer und Trauerbegleitung.
Deutscher Hospiz- und Palliativverband (2017): Eine Handreichung des DHPV. Berlin

Warum hast du das getan?
Ein Begleiter für Trauernde, wenn sich jemand das Leben genommen hat
von Paul Chris

Wenn ich das geahnt hätte. Suizid-Hilfen für Angehörige und Mitbetroffene
von Anne Christiana Mess

Club Suizid. Ein lustiger Roman über weniger lustige Themen
von Jo Thun

NACHWORT

Der Umgang mit dem Tod früher und heute - eine Zusammenfassung von Sylvia Hähnel

Liebe Trauernde, diese Thema war mir noch einmal ein Anliegen. Es zeigt uns, wie wichtig es doch ist, sich die Zeit zum Trauern zu nehmen.

Der Tod und das Sterben fallen den meisten Menschen nicht leicht. Früher gab es eine Reihe von abergläubischen Ritualen, wenn ein Mensch verstorben war. Ein Beispiel: Das Fenster wurde geöffnet, damit die Seele des Verstorbenen entweichen konnte. Im Gegensatz zu heute waren es Verwandte, die sich um den Verstorbenen kümmerten.

Sie wuschen ihn und kleideten ihn neu ein, damit er im Haus aufgebahrt werden konnte. Hier hatten alle Verwandte, Freunde, Bekannte und Nachbarn die Möglichkeit, in Ruhe Abschied zu nehmen. Das war für die Menschen damals ganz normal, und niemand fand es gruselig oder unheimlich.

So merkwürdig es für uns klingen mag, war der Tod also in früheren Zeiten so etwas wie ein Gemeinschaftserlebnis. Man starb nicht allein, und auch in der Trauer um einen Angehörigen war man nicht auf sich gestellt. Früher glaubten die Menschen fest daran, dass der Tod nur der Übergang in ein anderes Leben sei.

Diese Sichtweise auf den Tod wandelte sich im Laufe der Zeit, was vor allem daran lag, dass sich die ganze Gesellschaft nach und nach veränderte. Die Bevölkerungszahl wuchs an, die Menschen lebten länger, es gab neue Gesellschaftsschichten, und auch die Familien veränderten sich. Großfamilien wurden seltener, damit veränderte sich auch die Einstellung zum Tod. Ein Todesfall war nicht mehr alltäglich, sondern ein Schicksalsschlag. Irgendwann wurde die Trauer beim Verlust eines geliebten Menschen groß. Dieser selbstverständliche Umgang mit einem Todesfall eines Verstorbenen ist heute kaum denkbar. Es ist sehr selten geworden, dass jemand bis zum Lebensende in seiner vertrauten Umgebung blieb. Die meisten Menschen sterben heute in Krankenhäusern oder Heimen.

Heute organisieren die Bestattungsunternehmen alles, was dazugehört. Nach der Beerdigung fallen viele Trauernde erst einmal in ein Loch.

Auch die Trauer hat sich verändert, es gibt kaum noch Rituale, an denen man sich orientieren kann. Es gibt nicht mehr das sogenannte Trauerjahr, in dem Schwarz getragen wurde. Gut ..., der Moral-Kodex …, wo Frauen in eine Inaktivität gezwungen wurden, ist heute undenkbar Für mich heißt das, dass früher nicht alles besser war, nein, nur anders. In der heute schnelllebigen Zeit ist es nicht einfach, den richtigen Trauerweg zu finden.

Wenn sich Menschen dazu entscheiden, wieder arbeiten zu gehen, heißt das auch, *wieder Boden unter den Füßen zu gewinnen.*

Das heißt aber gleichzeitig, dass ein Trauernder *darüber noch nicht hinweg ist.* Hier ist das Verständnis und Feingefühl vom Arbeitgeber und den Kollegen gefragt.

Ich, Paula Russel, habe mich nicht für diesen meinen Trauerweg entschieden, nein, mein Trauerweg hat sich entwickelt. Ich habe ein Jahr mit Unterstützung gebraucht, meinen Schicksalsschlag zu verarbeiten. Ich habe mich der Herausforderung gestellt, und mit den unterschiedlichen Angeboten habe ich es geschafft, ins Leben zurückzufinden.

Ich habe mir die Zeit, um den Verlust bewusst zu betrauern, genommen. Meine Seele war krank, und diese musste wieder heil werden.

Mein Schmerz hat sich verändert, der Suizid ist nicht mehr mein ständiger Begleiter. Die gelebte und gemeinsame Zeit mit meinem Sohn haben Oberhand bekommen, und das ist gut so.

Mein Sohn wohnt in meinem Herzen, die Gefühle, die Liebe und die Gedanken an ihn sind nicht weniger, nur wertvoller, und das gibt mir Kraft.

In der Reha bin ich auf dieses Wort gestoßen: Resilienz. Resilienz ist die Fähigkeit, mit Schicksalsschlägen umzugehen, Kriesen zu bewältigen und daraus zu lernen. Resilienz bedeutet jedoch nicht, dass Betroffene überhaupt keine emotionale Erschütterung erfahren.

Wer kämpft, kann verlieren, wer nicht kämpft, hat schon verloren. (Bertolt Brecht)

Das Schicksal liegt nicht in der Hand des Zufalls, es liegt in deiner Hand, du sollst nicht darauf warten, du sollst es bezwingen. (William Shakespeare)

Zu der Zeit, als mein Sohn sich das Leben genommen hat, stand ich in Berlin im Bahnhof, während wir auf unseren Zug warteten, stand ich am Gleis, es ging ein Ruck durch meinen Körper und ich schwankte leicht in Richtung der Gleise, damals dachte ich, ich hätte mein Gleichgewicht verloren.

Dein Lebensweg, der ist zu Ende,
erlöst bist du von Schmerz und Leid.
An dem Ort, an dem du nun verweilst,
sollst du für immer glücklich sein.

In Liebe, deine Ma

DANKE

Viele liebe Menschen - Nachbarn, liebe Freunde, meine Selbsthilfegruppe, liebe Arbeitskolleginnen, meine Ärztin, besonders mein Partner und meine Söhne haben mich auf meinem Weg begleitet. Meine neuen Freundinnen aus der Reha haben die Freude an schönen Dingen in mir geweckt. Sie alle waren einfach nur da und haben mir beigestanden.

Danke an meinen Partner, der immer an meiner Seite war. Der viele Wege für mich geregelt hat, für seine außergewöhnliche liebevolle Unterstützung und dass er mir in meinen Trauerphasen die Zeit gegeben hat, ungestört zu weinen. Danke auch für sein immer offenes Ohr, er hat mir zugehört, ohne schlaue Weisheiten von sich zu geben.

Er war da und hat einfach nur zugehört.

Danke für seine Geduld, die er Tag für Tag, Woche für Woche, Monat für Monat für mich hatte. Er hat mich mit all meinen Stimmungsschwankungen, in meiner Hilflosigkeit, mit meinen Gefühlsausbrüchen und meiner Traurigkeit ertragen. Ich sage danke, dass er in dieser so schweren Zeit an meiner Seite war.

Es war sicher auch für ihn nicht immer einfach, mich in diesem Verzweiflungszustand und der damit verbundenen emotionalen und psychischen Verfassung zu sehen.

Trotzdem hatte er ein Gespür dafür entwickelt, was ich brauchte und was mir guttat, obwohl ich selber nicht immer wusste, was ich brauchte, was mir guttat. Wenn ich mich in mein Schneckenhaus zurückzog, gab er mir den Raum und die Zeit, um zu trauern und meinen Schmerz zu durchleben. Ich habe einen wertvollen Teil meines Lebens verloren, und mein Partner half mir dabei, meine Lebenskraft wiederzufinden. Er hat die Hoffnung nie aufgegeben, er hat gelernt, mit meiner Trauer umzugehen, obwohl meine Gedanken oft um den Tod meines Sohnes kreisten. Ich glaube, mein Partner hat mich in die Reha geschubst, damit ich die Kraft aufbringe, um wieder in die Zukunft zu blicken.

Du hast mich gehalten und getragen … in der schwersten Zeit meines Lebens. Auch er hat einen Verlust erlitten und hat getrauert.

Danke an meine Söhne und Schwiegertochter, dass sie mir nie das Gefühl gegeben haben, das ich durch meinen Umzug an die Ostsee Schuld am Weggang ihres Bruders habe.

Danke an meine Söhne, dass sie in ihrer eigenen Trauer immer ein Ohr für mich hatten. Auch sie sind einen schweren Trauerweg gegangen mit den dazugehörigen Warum-Fragen. Beide haben ihren Bruder im Leben begleitet und immer gehofft, er findet seinen Weg. Auch sie haben ihn auf seinem Lebensweg unterstützt und begleitet.

Danke an meine Schwiegertochter, dass mein Sohn an ihrem Familienleben teilhaben durfte. Auch sie war für ihn da.

Ich
vermisse
Dich

Mein letztes Bild von Daniel: *Er sitzt auf einer Wolke, und hält unseren Hund Paula im Arm. Mit seinem verschmitzten Lächeln und dem Grübchen im Gesicht sieht er zufrieden aus.*

Ich wünsche, der Himmel hätte Besuchszeit,

dann könnte ich dich besuchen.

Das einzig Wichtige im Leben sind die Spuren von Liebe,
die wir hinterlassen, wenn wir weggehen.

Trauern ist wie ein großer Felsbrocken, wegrollen kann man ihn nie!

Zuerst versucht man, nicht darunter zu ersticken, dann hackt man ihn Stück für Stück kleiner, und den letzten Brocken steckt man in die Hosentasche und trägt ihn ein Leben lang mit sich herum.

(Michael Vogel)

Niemals geht man so ganz.

Keiner geht ganz von uns, er geht nur voraus.